国連入門

理念と現場からみる平和と安全

山本栄二
Yamamoto Eiji
中山雅司
Nakayama Masashi

筑摩選書

国連入門　理念と現場からみる平和と安全　目次

国連入門

理念と現場からみる平和と安全

はじめに

山本栄二

二〇二五年、国連は創立八〇周年を迎える。その翌二〇二六年は日本の国連加盟七〇周年である。この大切な節目を迎えるにあたり、国際の平和と安全に焦点を当てて、国連のこれまでの歩みと現状を冷静に見つめなおし、今後の進むべき道を示唆することは有意義であろうと思う。

足元の国連を見ると、とくにウクライナ侵攻やガザ事態以降、国連は機能不全に陥っている、役に立たないという厳しい評価・批判までなされている。過去を振り返ると、一九八〇年代末に冷戦が崩壊するまで、米ソの対立の中で国連は当初想定された役割を十分に果たせなかった。しかし、そういう状況でも、国際の平和と安全の維持のため、一定の貢献はしてきた。たとえば、スエズ動乱を受けた国連緊急軍の派遣やキューバ危機に際してのウ・タント事務総長の米ソ仲介などが挙げられよう。

本書には国連の過去をすべて検証する紙幅はない。だが、著者二人のうち山本は、冷戦終了直後、国連が本来の役割を発揮し始めた一九九二～九五年、および9・11テロ事件が起きた二〇〇一年～〇三年の二度にわたり、ニューヨークの国連代表部に勤務していた。そこで、これらの経験もふまえて、過去の事例とあわせて国連安保理の機能と限界に迫ってみたいと思う。あわせて、総会のルールや制度作りの機能を説明し、日本の貢献にも言及してみたい。

一方で、現場の限られた経験だけでは国連の全体像は把握できない。そこで、長年にわたり学術界で国連を研究してきたもう一人の著者、中山雅司が、国連の歴史や安保理の機能と役割、そして改革の歩みと行方について、研究者の立場から解説を加える。

このように本書では、実務者による現場の経験を縦糸に、研究者の体系的な理解と分析を横糸にして、国連の実像に迫ってみる。さらには昨今の最大の関心事であるウクライナ侵攻、ガザの非人道的な事態、北朝鮮の核・ミサイル開発、クーデター以降のミャンマー情勢についても、国連の役割という観点から解き明かしてみたい。

本書の構成を簡単に述べると、まず序章ではウクライナ戦争やガザ事態に触れつつ、国連（とくに安保理）は機能不全に陥っているのではないかとの問題提起を行う。第1章では、国際連盟を含め国連の歴史を振り返り、過去からの教訓を引き出す。第2章では、国連の描く平和と安保理につき、国連憲章をふまえ、冷戦期と冷戦後に分けて解説する（以上は中山執筆）。

第３章、第４章では、山本が国連での経験を披露する。さらに第５章、第６章ではそれぞれ現場の経験をもとに、北朝鮮の核・ミサイル開発問題およびクーデター以降のミャンマー情勢を国連の関与という切り口で迫ってみる。

第７章、第８章では中山が研究者の立場から、終章では山本が実務者の立場から、国連改革の行方を示唆してみたい。

そもそも日本国内では国連に対する過度に理想的な期待感が長年支配してきた。しかし、このような過度な理想像は昨今のような機能不全が続くと一気に失望と無関心に転化しがちである。感情的で極端な捉え方ではなく、あくまでもファクトに則り、沈着冷静に国連の役割と限界に迫ることが重要である。もとより国連の役割は幅広く、開発、ＳＤＧｓ、環境、気候変動といった分野ではまだまだ果たすべき役割は多い。但し、本書ではこれらの問題には触れず、あくまで国際の平和と安全の維持に焦点を当てる。

かつて米国の国連大使を務めたジョン・ボルトンは、安保理改革の動きに対して、"If it ain't broke don't fix it."（壊れていないものは直すな）と公言して日本を失望させた。率直に言って、ロシア、中国は当然のことながら、米国もこれまで安保理改革に消極的であったのだ。しかし、ウクライナ侵攻などを見る限り、安保理は壊れてしまっていると言っても過言ではないだろう。もちろんロシアなど常任理事国の拒否権がある限り、改革は容易ではないが、今こそ修理すべき時である。ピンチはチャンス、いろいろな知恵と選択肢を考えて、日本がリーダーシップをとって国連の明るい未来を切り開いていってもらいたい。

本書がそのような取り組みの一助となれば幸いである。

序　章

国連の現在——機能不全のなかで

終わりの見えない二つの〝戦争〟

二〇二二年二月二四日に始まったロシアによるウクライナ侵攻、および二〇二三年一〇月七日に発生したイスラエルとハマスによる軍事衝突は、依然として出口の見えない状況が続き、中東情勢は混迷の度を深めている。

二〇二四年七月三一日には、イスラエル軍と戦闘を続けるイスラム組織ハマスのハニヤ最高幹部が訪問中のイランで殺害される事件が発生。イスラエル政府は関与について明言していないが、イランの最高指導者ハメネイ師はイスラエルに対し何らかの報復を行う考えを示した。また、イスラエルは、パレスチナ自治区ガザのハマスと連帯するレバノンのイスラム教シーア派組織ヒズボラへの作戦をエスカレートさせ、九月二七日、ヒズボラの指導者ナスララ師を暗殺、一〇月一日にはイスラエル国防軍（ＩＤＦ）は国境を越えてレバノンに侵入

ガザ地区難民キャンプへのイスラエル軍の空爆で倒壊した建物

し、地上侵攻を開始した。また、一〇月一日、イランが支援するイスラム教シーア派組織ヒズボラ指導者の殺害に対する報復として、イランの精鋭軍事組織「革命防衛隊」がイスラエルを弾道ミサイルで攻撃した。

これに対し、イスラエルは同月二六日、イランの軍事施設を標的とした攻撃を行った。さらにイスラエル軍は、二〇二三年一〇月七日の同国への奇襲攻撃を首謀したとされるイスラム組織ハマス指導者シンワル氏を殺害したと一七日に発表した。これを受けてヒズボラは一八日、イスラエルとの戦争がさらにエスカレートした新たな段階に入ったと述べた。

報復の連鎖により、中東における紛争のさらなる拡大が懸念される中、本年（二〇二五年）に入って大きな変化の兆しを示すニュースが飛び込んできた。第二次トランプ政権の誕生を間近に控えた一月一五日夜（日本時間一六日未明）、パレスチナ自治区ガザでの停戦と人質解放の交渉を巡り、仲介にあたるカタールのムハンマド・サーニ首相はイスラエルとイスラム主義組織ハマスの双方が合意に達したと発表した。これを受けて、イスラエル政府は一八日、イスラム組織ハマスと合意したガザ地区での一九日からの六週間の停戦と人質解放の枠組みについて正式に承認、一九日午前一一時一五分（日本時間午後六時一五分）に停戦合意が発効した。

停戦合意は三つの段階からなり、第一段階の六週間の停戦期間中にハマスは拉致した三三人の人質を解放する一方、イスラエルは収監するパレスチナ人を釈放し、ガザの人口密集地からイスラエル軍を撤退させるというものである。そして双方はこの間に協議を行い、次の第二段階では残る人質の解放やイスラエル軍の全面撤退を行い、恒久的な停戦を目指すとしている。しかし、イスラエルのネタニヤフ首相は、「戦闘を再開する必要がある場合は強力に行う」と述べて強硬な姿勢を示すなど、今後、合意が着実に履行されるかが焦点となるが、いずれにしても、戦闘開始以降、ガザでは子供や女性を含む四万六〇〇〇人以上が死亡した事実は極めて深刻である（二〇二五年一月一九日現在）。

また、わが国においても長崎市が二〇二四年八月九日の平和祈念式典にイスラエルを招待しなかったことに対し、先進七カ国（G７）の日本を除く米英独仏伊カナダの六カ国と欧州連合（EU）の駐日大使が出席を見送った。長崎市はウクライナを侵略するロシアと同国を支援するベラルーシを三年連続で招待していない。イスラエルを招かなかったことについては、「不測の事態が発生するリスク」を理由としてあげたが、被爆者からは様々な声が聞かれた。戦争は、スポーツの祭典にも影響を与えた。パリオリンピックにウクライナ侵略を続けるロシアと同盟国ベラルーシの選手は、国を代表しない個人資格の中立選手として出場したが、セレモニーへの参加は認められなかった。このように、ウクライナ戦争とイスラエル・ガザ紛争は政治、経済をはじめ国際社会に大きな影響と不安をもたらしている。

問われる国連の存在意義

これらの事態に対し、国際社会は打開の糸口を見出せず、犠牲者の数は増え続けている。なかでも注目されるのが国連の動きである。期待とは裏腹に有効な手を打てない国連に対して厳しい目が向けられるとともに無力感すら広がっている。このようななか、二〇二三年九月二〇日、ウクライナ情勢と国連憲章に関する首脳級会合を開いた国連安全保障理事会（以下、安保理）にロシアのウクライナ侵略開始後初めて対面で出席したウクライナのゼレンスキー大統領は、演説で侵略を続けるロシアを厳しく非難するとともに、「もはや人類は、国家の主権を有する境界を守るために国連に期待できない」と述べ、拒否権をもつ常任理事国の対立を背景に機能不全に陥っている安保理の改革を訴えた。また、二〇二四年二月二六日、国連のグテーレス事務総長は、ジュネーブで開かれた国連人権理事会の冒頭で、国連安保理がイスラエルとイスラム組織ハマスの軍事衝突のほか、ロシアによるウクライナ全面侵攻に対応できていないことをめぐり、理事国間に分断があることで権威が致命的に損なわれているとし、安保理改革の必要性を訴えた。先にガザでの停戦合意が成立、発効したことについて触れたが、これはアメリカの圧力を背景とした「トランプ効果」によるところも大きく、ある意味で国連の〝外〟においてもたらされたものということもできる。

国連は果たして武力紛争の解決に効果的な機関といえるのか。この二つの武力衝突をとりあえず〝戦争〟と呼ぶとした場合、二つの戦争を通してあらためて国連は存在意義を問われているともいえよう。たしかに、これまでも国連の歴史において様々な紛争や武力衝突が起き、それらへの対応について国連は常にその真価を問われてきた。しかし、立て続けに起きた両戦争ほど国際の平和と安全の維持を最大の目的に掲げた国連への期待を根底から揺るがす出来事はなかったといってもよい。同時にそのことは国連という国際機構がどのような存在であるかをあらためて私たちに考えさせる大きな契機になったことも確かである。私たちは、国連を通して世界の平和がいかに脆《もろ》く危ういものであるのかを知るとともに、国連の実相に触れることにもなったのである。

そして、このような混迷の時代であるからこそ、あらためて国連とは何かについて考えてみるよい機会でもあるように思われる。すなわち、国連は何のためにつくられ、存在しているのかという問いである。とりあえずその目的を「平和」とするならば、果たして国連は

〝平和の砦〟といえるのかという問いである。言い換えるならば、国連はなぜ「平和」の実現に苦慮しているのかということである。

「国連」とは

しかし、「国連」は「平和」をもたらせるのかという問題設定はあまりに抽象的で広すぎる。そこで、もう少し言葉の定義や課題を具体化し、明確化しておく必要がある。その前提として少し触れておく必要があるのが「国際機構（International Organization）」という言葉である。なぜなら、そもそも国連とは国際機構のひとつであるからである。そこで、国連を含む国際機構について、まずは簡単に定義しておきたい。国際機構とは広義では、「国境を越えた基盤をもち、国際的に活動する組織体」を指す。その意味では、広義にはＮＧＯや多国籍企業も含まれることになる。しかし、「国際的に活動する組織」という定義はあまりにも広いことから、一般には狭義の定義、すなわち政府間国際機構（inter-governmental organization）を指して用いられる。少し固い表現になるが、「国際機構とは、複数の国家により、共通の目的達成のために条約にもとづいて直接設立された固有の常設的な組織」のことである。国連をはじめ、ＩＭＦ（国際通貨基金）、世界銀行、ユネスコ（国連教育科学文化機関）などが含まれる。

ところで、この定義にある「条約にもとづいて設立された」いう意味では、決議等によってつくられる政府間国際組織の自立的補助機関（autonomous subsidiary organ of an inter-governmental organization）、すなわち国連機関として馴染みのあるユニセフ（国連児童基金）やUNHCR（国連難民高等弁務官事務所）、UNDP（国連開発計画）などは含まれないことにもなるが、ここではそれらも含めて国連システム全体を国連と呼ぶことにする。それはおそらく私たちが一般に〝国連〟として理解しているものとも一致するように思われる。

そのことと関連してくるが、〝国連〟というとひとつ（単一）の組織や機関をイメージするが、国連というひとつの組織や機関があるわけではない。すなわち、国連とは多くの機関からなる国連システム全体の総称でもあり、ひとくくりに「国連は」という言い方自体が曖昧で広すぎるということになる。つまり、問題を論じる際、国連のどの機関を指しているのかをまずは明確にする必要があるということである。そこで具体的にウクライナ戦争やパレスチナ問題に関していえば、おそらく直接的には国連の安保理のことを指してその機能や限界を論じていることは間違いないであろう。したがって、これらの戦争について安保理が機能不全に陥っているというのは確かである。

しかし、国連機関全体が機能していないとか、存在意義がないという言い方は一部分の問題を取り上げて全体を論じるのと等しく適切ではないということにもなる。もっとも、安保理が「平和」を目的とする国連の中心的な機関であることも確かである。その点では必ずしも間違いではないとも言えるが、それらについては追って述べることにする。

「平和」とは

次に、国連は〝平和の砦〟かという場合の「平和」についても触れておく必要がある。平和という言葉は一般にもよく用いられる言葉ではあるが、その定義は様々であり、人や国、集団、さらには個人によってもとらえ方が違う用語であり、慎重に扱う必要がある。ちなみに平和とは何かという問いに対して、戦争がないことという答えは一般的であり決して間違ってはいない。その場合、平和と戦争を相対抗する概念、もしくは表裏一体の関係でとらえていることがわかる。

ノルウェーの学者で平和学の父と呼ばれた、ヨハン・ガルトゥングもそのような直接的な暴力としての戦争がない状態を消極的平和と定義した。しかし、戦争がないだけでは平和とは言えないとガルトゥングは考えた。ガルトゥングが平和学という学問分野を構築した背景には、第二次世界大戦の悲劇とその後の国際社会における安全保障環境の変化があった。すなわち、ナチス・ドイツによる大量虐殺と核兵器の登場である。そのなかで、平和をもたらすための科学（学問）の模索が始まった。一九五九年にはノルウェーに平和研究所が生まれ、六六年にはオスロ国際平和研究所（ＰＲＩＯ）へと発展する。そして、一九六四年、ガルトゥングなどを中心に国際平和研究学会（ＩＰＲＡ）が創設され、平和学の研究が始まった。当初、研究者の関心は喫緊の課題でもあった核軍拡競争、すなわち核戦争の阻止にあった。一九五〇年代から六〇年代にかけて核実験が繰り返され、急速に核拡散が進んでいた時代状況からすれば当然でもあった。そのような危機感が現実のものとなりかねない出来事が一九六二年に米ソ間で起きたキューバ危機であった。

しかし、冷戦を背景とした核軍拡競争の一方で一九六〇年代には植民地の独立という大きな構造変化も起きていた。その結果、南北問題への取り組みも重要な課題となっていった。そのようななか、戦争の阻止を第一義とする平和学に対し、開発途上国（「南」）の研究者からの異議申し立てがなされた。すなわち、戦争がなくても途上国では飢餓や貧困、差別や抑圧によって多くの人が苦しんでいる現実に対し、平和の定義として戦争がないことだけでは不十分であるという問題提起であった。

そのようななか、ガルトゥングは平和についての新たな概念を提唱し、「平和」を「暴力の不在」と定義した。そして、暴力とは、「人間に本来備わった肉体的精神的可能性の実現を妨げるものすべて」としたうえで、戦争やテロなど人が直接手を下す暴力、行為主体が明確な暴力を直接的暴力とした。そして、先に述べたように戦争のない状態を「消極的平和」

とした。そのうえで、差別や不正義、抑圧など社会自体に構造的に組み込まれた暴力があるとして、これらの暴力を構造的暴力と名づけた。そして、構造的暴力のない社会や世界を「積極的平和」としたのである。

今日、新興国の台頭によって従来の意味での南北問題の概念や構図が変化し、グローバルサウスと呼ばれる国々が国際社会で大きな存在感と影響力をもつようになっている。しかし、インドのように目覚ましい経済発展を遂げている国がある一方で、貧困や紛争、人権、環境問題など深刻な問題を抱えている国も多数存在する。その意味で構造的暴力の除去という課題は依然として変わらない。

ところで、消極的平和の定義によれば戦争と平和は相対抗する概念であるようだが、果たしてそうであろうか。古代ローマの言葉に「平和のためには戦争の準備をせよ」という格言がある。その意味を平和のために戦争に備え、場合によって戦争を行うことが平和にかなうとも読めるとすれば、ここでいう「平和」とは何を指しているのであろうか。それはおそらく自国の領土や国民の生命、財産を軍事力で外敵から守ることを指して「平和」と呼んでいるように思われる。自国の安全を守ることはある意味で国家の当然の責務でもあることからすれば、そのこと自体否定されるべきものではない。しかし、そのようにして始められた戦争が多くの人々の生命や財産、生活を奪い、建造物や自然を破壊し、甚大な犠牲と被害をもたらすとしたら、きわめて逆説的と言わざるを得ない。

残念ながら人類の歴史はそのような戦争の歴史でもあり、それはまさに今も変わらず続いている。すなわち、「平和」の定義や形が様々であるとすれば、あらためて「平和」とは何かを考え、国際社会および国連として目指すべき「平和」はどのようなものであるべきかについても問い直さなければならないように思われる。

本書の問題意識

話を戻そう。ウクライナやパレスチナでの戦争を取り上げて国連は「平和」をもたらせるのかという場合の「平和」とは、狭義には当事者間の軍事行動の停止、もしくは紛争の解決の意味で用いられているといってよい。しかし、ここでこの二つの戦争に対して解決の方途を見いだせないことをもって、国連安保理は無力であるということはひとまず正しいとしても、先に述べたように国連そのものが平和の実現に無力であるとか国連の役割は終わったというのは正確ではない。国連は二つの戦争に対し様々な形で関与していることも確かであるからである。

なぜならば、国連はこれまで侵略の阻止や紛争解決以外にも貧困と開発、人権保障、難民の救援、保健衛生、地球環境問題、国際法の発展などあらゆる分野で平和に寄与してきたことは事実であり、ウクライナやパレスチナで起きている人道危機に対して懸命な救援活動を行っているのも国連であるからである。その意味で、国連は多くの顔をもつ多面体の組織として理解する必要がある。

しかし、だからといって二つの戦争において、機能不全に陥っている安保理は国連の一機関にすぎず、国連は多くの機関から成り様々な形で平和に貢献しているのであるからこの問題だけを取り上げ過大視、もしくは悲観すべきではない、というつもりはない。なぜならば、後に述べる通り第二次大戦を経て三度の世界戦争を防ぐために創設された国連の目的および理念に照らして、紛争の解決および安全保障は国連の役割と使命の中核に位置するといってもよいからである。

では、なぜ国連（安保理）がその役割と使命を十分に果たせないのか。そして、その機能を果たすための道筋や方策はあるのか。それが本書を書くにあたっての直接の契機であり、問いかけである。もっとも、現在の安保理の抱える問題の要因や改善策を検討することは本書の中心的テーマではあるがすべてではない。より底流にあるのは、国連とはそもそもどのような組織であり、その本質は何であるのかということであり、二つの戦争を通じて浮き彫りになった国連と国際社会の現実と向き合うなかでよりよい世界の構築がいかに困難な作業であるかということ、そして、あらためて私たちはどのような平和秩序を国際社会において模索し、構築していくべきかという巨視的な問題意識である。

以下では国連の平和・安全保障の分野を中心にその歴史と理念、そして現場の視点から国連を俯瞰し、混沌とする世界におけるその存在意義についてあらためて考えてみたい。

第1章
国連誕生——歴史を振り返る

第二次世界大戦の教訓と国連の誕生

どのような組織についても性格や特徴を考える場合、その成り立ちに立ち還って考察することは自然なことであり、また必要なことである。国連もその例外ではない。国連は創設から八〇年という歳月を刻むが、国連が一九四五年、第二次世界大戦の終結と軌を一《いっ》にして誕生したことについては多くの人が知るところであろう。それは第二次大戦のような悲惨な戦争を三度繰り返さないとの誓いのもとで「平和」のための機構として創設されたことを意味するものであった。三度とはいうまでもなく第一次、第二次大戦という二度にわたる世界戦争の惨禍を繰り返してしまったことへの反省にもとづくものであったことはいうまでもない。

言い換えるならば、国連の前身である国際連盟が再びの世界戦争を防げなかったという失敗と教訓の上につくられたのが国連という組織であるという事実である。国際連盟がなぜ戦争を防げなかったのか、このことは国連を考える上できわめて重要となってくる。この点については後ほど述べるが、創設当時の諸国の思いは、国連憲章の以下の前文に端的に表現されている。

少々長くなるが引用する。「われら連合国の人民は、われらの一生のうちに二度まで言語に絶する悲哀を人類に与えた戦争の惨害から将来の世代を救い、基本的人権と人間の尊厳及び価値と男女及び大小各国の同権とに関する信念をあらためて確認し、正義と条約その他の国際法の源泉から生ずる義務の尊重とを維持することができる条件を確立し、一層大きな自由の中で社会的進歩と生活水準の向上とを促進すること、並びに、このために、寛容を実行し、且つ、善良な隣人として互に平和に生活し、国際の平和及び安全を維持するためにわれらの力を合わせ、共同の利益の場合を除く外は武力を用いないことを原則の受諾と方法の設定によって確保し、すべての人民の経済的及び社会的発達を促進するために国際機構を用いることを決意して、これらの目的を達成するために、われらの努力を結集することに決定した」。

ここで国連成立の経緯について振り返っておきたい。先ほど国連が第二次世界大戦の終結と軌を一にして誕生したと述べたが、国連の設立の萌芽はずっと早い時期に始まっていた。一九四一年八月、アメリカのフランクリン・ルーズベルト大統領とイギリスのチャーチル首相が大西洋上で会談し合意した大西洋憲章では、戦後の一層かつ広範かつ恒久的な一般的安全保障制度をつくることがすでに述べられていた。日本にとっては、太平洋戦争にもまだ参加していない時期である。

一九四二年一月には連合国二六カ国がワシントンに一堂に会し、第二次大戦においてファシズム勢力と戦い抜くことを誓うとともに、各国が単独で休戦または講和しないことを明らかにした連合国共同宣言が署名された。一九四三年一〇月には米英ソの三国外相会議において国際的平和機構樹立に関する合意であるモスクワ宣言が発表された。先の大西洋憲章ですでに国際的な平和機構の樹立を構想し、合意に達していたが、かつてアメリカのウィルソン大統領が議会の反対で国際連盟に加盟できなかったことをふまえて、ルーズベルト大統領はその具体化には慎重を期し、一九四三年九月に上院で国際平和組織への参加支持が可決されるのを待ち、世論の動向も見た上で、同年一〇月モスクワ外相会談に原案を提案し、合意をみることになった。このモスクワ宣言には中国も合意し、国連樹立への足がかりとなった。

平和と安全以外の分野における国連関連機関の設立も同時に進行していた。一九四三年には連合国食糧農業会議において食糧・農業に関する恒久的機関としてＦＡＯ（国連食糧農業機関）の設置が決定された。また、一九四四年七月にはブレトン・ウッズで開催された連合国国際通貨金融会議、いわゆるブレトン・ウッズ会議において、ＩＭＦ（国際通貨基金）および世界銀行（国際復興開発銀行［ＩＢＲＤ］と国際開発協会［ＩＤＡ］からなる）の創設が決定された。また、一九四七年一〇月には、ＧＡＴＴ（関税および貿易に関する一般協定）が調印され、一九四八年一月に発効した。

ダンバートン・オークス会議からサンフランシスコ会議へ

国連の創設については、第二次世界大戦の末期、連合国の戦後処理構想の一環として一九四四年八月から一〇月にかけて米英ソ中が参加して開催されたダンバートン・オークス会議が重要である。この会議において国連憲章の原案が起草された。会議では、機構の構成や集団安全保障など主要な点については合意したが、安保理における拒否権の事項的範囲、および総会におけるソ連の代表権問題については結局合意には至らなかった。

拒否権をめぐっては、ダンバートン・オークス会議でイギリスは、紛争処理に関しては常任理事国（といっても主導権は米英ソにあったといってよいが）は安保理での拒否権を持たないと主張。アメリカもこれを支持したのに対し、ソ連は侵略に対する強制行動であれ、紛争の平和的解決などについての勧告であれ、あらゆる場面で拒否権が行使できるようにすべきであると主張した。その背景として、ソ連としては残りの四カ国が自由主義陣営であるなか、唯一の社会主義国家であったことから切り札として拒否権にこだわったという見方もあるが、国際連盟が大国の欠如によって失敗したという事実や、アメリカにとっては議会の反対で連盟に参加できなかったという苦い記憶から国連参加への議会への説得材料としての拒否権の必要性を感じていたという本音もあった。また、イギリスも米ソが植民地主義に反対していた事実から、拒否権も悪くはないと考えるようになっていった。

サンフランシスコ会議、国連憲章署名（1945年6月26日）

最終決定は一九四五年二月のヤルタ会談での米英ソ首脳会談に持ち越されることになった。暗礁に乗り上げていた拒否権問題では、手続事項と非手続事項（実質事項）に分け、後者についてのみ拒否権を認めるという「ヤルタ方式」で妥協をはかるとともに、「紛争の平和的解決に関する議決」については常任理事国であっても紛争当事国である場合は棄権しなければならないということで決着、それが第二七条の規定となった。しかし、何が手続き事項で何が非手続事項であるかについてはっきり示されておらず、そのいずれであるかの決定は非手続き事項

（実質事項）であるとされたため、その分類の段階で拒否権を行使して非手続き事項であると決め、続いて本案においてさらに拒否権を行使することが可能ということになった。いわゆる二重拒否権を認める形となったのである。なお、ソ連の代表権問題ではソ連に加えてウクライナと白《はく》ロシアの実質三票を認めることで決着した。

機構構想をめぐる対立の萌芽

一九四五年四月から六月にかけて、アメリカのサンフランシスコで連合国五〇カ国が参加して国連設立に関する国際会議が開かれた。いわゆるサンフランシスコ会議である。この会議でおおむねダンバートン・オークス会議、ヤルタ会談で検討された国連憲章原案にもとづいて議論がなされたが、中小国から様々な意見が出されるなど争いもあった。拒否権の行使については、オーストラリアやニュージーランドなど中小国から、軍事的紛争だけでなく、平和的解決の場合であっても紛争当事国でない場合は認められるのは不平等だという反発の声があった。

また、総会の権限については、原案では安全保障分野では総会の権限は皆無に等しかったため中小国から強い反対があった。結局、「総会は、この憲章の範囲内にある問題若《も》しくは事項またはこの憲章に規定する機関の権限及び任務に関する問題若しくは事項を討議し、並びに、第一二条に規定する場合を除く外、このような問題又は事項について国際連合加盟国若しくは安全保障理事会又はこの両者に対して勧告をすることができる」（第一〇条）という形で決着した。第一二条とは、「安全保障理事会がこの憲章によって与えられた任務をいずれかの紛争又は事態について遂行している間は、総会は、安全保障理事会が要請しない限り、この紛争又は事態について、いかなる勧告もしてはならない。」というものである。

さらにラテンアメリカ諸国から地域的集団安全保障機構のもつ自衛権を認めよとの声が上がり、第五一条に個別的自衛権とあわせて集団的自衛権を認めることが加えられた。このように、創設当初から国連内では安保理中心的な機構構想と安保理と総会の権限の均衡を図ろうとする構想の対立の萌芽がみられたのである。このことは機構内における大国と中小国の間での勢力争いをも予感させた。この構図は国連の歴史を考える上で重要な点であるが、これについては後に述べる。ともあれこれらの修正をへて、最終的に六月二五日に国連憲章が採択、翌六月二六日に参加五〇カ国が調印した。そして、各国の批准を経て、一九四五年一〇月二四日、国連は正式に発足した。

国際連盟の教訓と国連の目指すもの

このようにして誕生した国連であったが、国際連盟の「失敗」の教訓とは何であったのか。

それは、第一に国際社会により実効的で強力な世界機構をつくることの必要性を痛感したことである。それはいうまでもなく、第二次大戦がナチスドイツや日本、イタリアといったファシズム勢力との闘いであったことである。第二に国連という戦後の新たな組織が人権保障の砦となるべきであるということである。すなわち、枢軸国による侵略行為が大規模な人権侵害をもたらしたという教訓にもとづくものであった。第三に自由貿易を擁護し、経済社会分野における国際協力を推進することの重要性である。その背景には、第二次大戦の遠因としての世界恐慌とそれを引き金とした保護主義の台頭による自由貿易体制の重要性の認識があった。これらの教訓は国連の理念および目的へと結晶していくことになる。

国連の目的は、憲章冒頭の第一条に謳われている。第一に「国際の平和及び安全を維持すること。そのために、平和に対する脅威の防止及び除去と侵略行為その他の平和の破壊の鎮圧とのため有効な集団的措置をとること並びに平和を破壊するに至る虞《おそれ》のある国際的の紛争又は事態の調整又は解決を平和的手段によって且《か》つ正義及び国際法の原則に従って実現すること。」である。第二次大戦を繰り返さないために創設された国連の出自からすれば最初に掲げるべき当然の目的ともいえよう。詳しくは第2章で述べるが、この目的は第二条の行動原則として規定された武力行使及び威嚇の禁止と紛争の平和的解決を通じて達成されるべきものとなり、安保理がその主要な責任を担う機関として位置づけられることになった。

なお、本目的に関連して触れておきたいのは、先にも述べた通り、ここでいう「平和」の意味である。ここで述べられている「平和」とは基本的には国際の平和、すなわち国家間の平和を想定したもので、国家間の侵略の阻止や国家間紛争の解決を目的として構想されたという点である。その結果、冷戦終結後の紛争形態が国家間紛争から内戦や民族紛争などに変化し、さらにテロという非対称紛争が登場する中で国連としても新たな対応と変化が求められることになっていったのである。

第二の目的は、「人民の同権及び自決の原則の尊重に基礎をおく諸国間の友好関係を発展させること並びに世界平和を強化するために他の適当な措置をとること。」である。いわゆる自決権に関する規定であるが、これは戦後、植民地支配からの独立を促すうえで重要な旗印となった。そして、独立を勝ち取った国々が大量に国連に加盟する動きの中で、総会の台頭と南北問題への対応を通じて国連に大きな構造および機能変化がもたらされることになった。

第三の目的は、「経済的、社会的、文化的又は人道的性質を有する国際問題を解決することについて、並びに人種、性、言語又は宗教による差別なくすべての者のために人権及び基本的自由を尊重するように助長奨励することについて、国際協力を達成すること。」である。これは人権の国際的保障と経済的、社会的、文化的国際協力の重要性を述べたものである。

人権の国際的保障とは、第二次大戦中のナチスドイツによるユダヤ人に対するジェノサイド（集団殺害）の教訓にもとづく大きな変化であった。すなわち、これまで国際社会において人権問題は各国の国内問題として考えられてきた。しかし、ホロコーストの歴史は人権を侵害する国は他国への侵略戦争に及ぶという教訓であり、これまで別のものとして考えられてきた平和と人権が結びつき、人権は平和の不可欠の基礎であるという認識をもつに至ったのである。

その後、経済社会理事会のもとに人権委員会がつくられ、一九四八年に国連総会において世界人権宣言が採択された。その後、国際人権規約をはじめとする様々な人権条約を通じて人権の国際的保障が図られるようになっていった。しかし、人権問題は世界各地で依然として数多く存在し、国家主権との兼ね合いの中で難しい対応が求められている。

国際協力については、経済的、社会的、文化的分野における国境を越えた協力が貧困や地球環境問題、感染症対策をはじめとする地球規模課題の解決に不可欠であり、さらには国家や人種、民族間の対立や紛争の予防、解決において重要であるとの認識のもとで、総会や経済社会理事会、国連の付属機関、専門機関をはじめとする多くの国連機関がその解決に人類益の観点から取り組んできたことはよく知られるところである。ある学者は、これら平和、自決、国際協力について、それぞれ「国際の平和」、「世界の正義」、「人類の福祉」という言葉で表現しているが、国連がいかに広範な課題への対応を期待された機関であるかがわかる。

国際社会の成立と国際機構

さて、ここまで国連誕生の経緯と目的について述べたが、国連とは何かを考える上では、さらに時代を遡り、数百年のスパンでみてみることが有益と思われる。なぜならば、本書の問題意識は、単に現在の国連（安保理）がどのような状況にあるのかや、なぜうまくいかないのか、あるいはどのようすれば機能回復が可能となるのかということにとどまらないからである。すなわち、あえていえば、本書のより根本的な問題意識は国際社会における国連ではなく、国連の存在する国際社会とは何かということに眼を向けることであり、国連を通して見えてくる国際社会の本質とそこにおける「平和」の実現の困難さであるからである。そう考えると国連の前身である国際連盟はなぜつくられたのか、さらにそれ以前にそのような組織はあったのかなど関心が広がっていく。とすれば、より広い概念としての国際機構という観点からそれがいつ、どのように、なぜ登場したのかについてあらためて考えることが必要となる。

しかしここで歴史を限りなく遡るつもりはないし、必要でもない。もちろん歴史上、古代エジプトの王朝間の同盟関係や紀元前七〜五世紀の周王朝に対抗した周辺諸国の同盟関係、一二世紀ごろに生まれ、一四世紀に最盛期を迎え、近世初期の一七世紀中頃まで北ヨーロッパを中心とした地域の商業都市が結成した都市同盟であるハンザ同盟など、国際的な関係や組織の存在をみることはできる。しかし、ここで対象とすべきは現在の主権を有する国家を枠組みとする社会が誕生したとされる一七世紀半ば以降の国際社会である。なぜなら国際機構は近世から近代および現代にかけての国際社会の誕生および発展と密接不可分な関係の中で誕生したといってよいからである。

具体的には、ヨーロッパにおいてドイツ領邦間の宗教戦争から始まった三〇年戦争（一六一八〜一六四八年）以降の時代であり、その終結にあたって一六四八年に開かれたウェストファリア会議で結ばれた講和条約、いわゆるウェストファリア条約によって誕生した主権国家を枠組みとする国際社会である。この主権国家体制（ウェストファリア・システム）において、国家は対内的には最高、対外的には独立の権力である主権を有するとともに、国境線で区切られた領土と国民を構成要素とする。そして国際社会は、そのような主権国家が併存する社会であり、上位に政府や公権力がない分権性を特徴とする社会である。

これは社会の上位に政府が存在する集権的な国家と大きく異なるところであるが、この構造はウェストファリアから三八〇年近く経った現在においても変わっていない。「法の支配」の観点からは、統治権力を欠く社会という点において、組織化の途上段階のある意味で未成熟な社会といえるかもしれない。国際機構はこのような社会の組織化の中でその弊害を克服するべく誕生した歴史的必然の産物であったといってもよい。しかし、国際機構は国際社会の誕生と同時に登場したわけではなく、その誕生まではしばらく時間を要することになる。国際機構の登場は、具体的には一九世紀に入ってからとなる。

国際社会の組織化の変遷

国際機構の登場を考えるにあたって佐藤哲夫の区分にしたがって、国際社会の組織化の変遷を五つの時代区分に分けて簡単にみておきたい。第一の時期は、ウェストファリア会議からウィーン会議（一八一四～一五年）までの時期である。この時期は専制君主による絶対主義国家の時代であるが、各国の経済活動は未発達で国際関係は君主間の争いに関わる政治・軍事等に限られていた。一八世紀後半以降、産業革命および市民革命を経て民主的市民的社会が誕生し、経済的社会的文化的活動も活発となっていった。しかし国際機構の形成にまではいたらなかった。

第二の時期は、ウィーン会議から第一次世界大戦までである。この時期には近代資本主義が発達し、交通、通信技術の進歩によってヨーロッパで誕生した国際社会が非ヨーロッパ世界に拡大していった。その意味では、国際社会は当初から地球大で存在していたのではなく、国際社会として誕生したヨーロッパ社会がやがてアメリカ大陸からアジア、アフリカへと広がっていく歴史でもあった。それは欧米諸国が自らを「文明国」と称したことにも表れているように、支配の歴史でもあった。その典型が植民地支配であった。国連が設立された当時、加盟国はわずか五〇カ国に過ぎなかったが、それはアジア・アフリカの多くの国々は植民地支配のもとに置かれていたからである。国際機構が誕生するのはこの第二の時期以降となるが、第一、第二の時期はいずれも主権国家が並存する水平的な国際秩序を基本とするものであった。武力行使は十分に規制されず、国際法は国家間の権限の調整を通じて平和共存の確保をめざすものであった。

第三の時期は、国際連盟の成立から第二次世界大戦（一九二〇～一九四五年）のいわゆる戦間期であり、わずか二〇余年という短命で終わった国際連盟の時代でもある。国際連盟の時期には戦争の違法化と集団安全保障体制が構想され、ＰＣＩＪ（常設国際司法裁判所）の設立やＩＬＯ（国際労働機関）をはじめとする専門技術分野における国際協力が進展した。

第四の時期は、国連の成立から冷戦の終結までの時期である（一九四五～一九八九年）。国連の設立によって国際社会は組織化を大きく進めていった。武力行使の違法化はより徹底され、安保理による強制措置の組織化や人権の国際的保障の制度化、植民地の独立など国際社会は大きく変化を遂げていった。また、第二次大戦を契機にニュルンベルクおよび極東軍事裁判所が設置され戦争犯罪を処罰する試みも始まった。一九七〇年代以降は、テロ関連条約の成立など国際犯罪の訴追・処罰の動きも進み、国際法におけるユス・コーゲンス（jus cogens 強行規範）の概念も生まれた。これらの動きは国際社会の組織化を具体化するものであり、その中において国連は中心的な役割を果たしてきたことは間違いない。

そして、第五の時期が、冷戦の終結から現在までの時期（一九八九〜）である。冷戦後の時期をひとくくりにすべきかは議論のあるところであるが、冷戦が国連に大きな影響を与えたことからするならば、冷戦期と冷戦後の区分は重要な意味をもつといえる。冷戦後の国際社会の変化は激しく著しいものがあるが、脅威の顕在化と多様化の中における内戦や民族、地域紛争、テロの頻発、グローバリゼーションの進展による貧富の格差の拡大、気候変動や感染症、難民問題など山積する地球的課題、ＩＣＴ革命によるデジタル技術の急速な発展、非国家アクターの台頭、人権の主流化といった様々な課題の中で国連は真価を問われている。

国際機構誕生の法則

ところで、最上敏樹《もがみとしき》によれば国際機構の誕生にあたっては二つの法則があるという。それは、戦争が国際機構を生むという法則、そして革命が国際機構を生むという法則である。上記で述べたように国際社会の組織化の中で国際機構は誕生したが、そこには一定の共通する現象、すなわち国際機構現象がみられると最上はいう。一つは、一定の政治的・経済的・行政的単位の間の「抗争」か、「交流」を背景としていること、そして、そういう現象を背景にして企てられる単位間の「結合」である。すなわち、抗争や交流を背景とした結合があらゆる「国際機構」の原初形態であり、それが国際社会の組織化であるという。

そこには、拡散から凝集へ、無秩序から秩序へ、無政府性から権力の措定へという構造変容が想定される。すなわち、ウェストファリア以降の主権国家体制において、その構造的特徴がもたらす弊害をどう克服し、また社会の変化によってもたらされる不都合をどのように調整するのかという命題のなかで国際機構は登場したといえる。主権国家体制の構造的特徴とは、先に述べたように国境線で区切られ主権をもつ国家が併存するという分権性にある。

本書では、とくに平和と安全の分野に焦点をあてることを目的としていることから「抗争」と「交流」のうち「抗争」を中心に述べるが、「交流」を背景とした国際機構の誕生と役割も国際機構を考える上では重要であるので、ここで先に簡単に触れておきたい。ここでいう「交流」とは、まさに国家が国境線で区切られていることによる人間生活の恣意的分断から生じる課題をどのように克服するかという要請のなかから国際機構が生まれたことを象徴する言葉である。

革命が国際機構を生むという場合の革命とは、一八世紀から一九世紀にかけての科学革命および産業革命、そしてフランス革命に代表される市民革命のことを指すが、科学革命、産業革命による技術面での社会の進歩は国境を越えた人やサービス、思想、文化の交流をもたらし、一国だけでは処理しきれない問題群を生み出すことになった。すなわち、交通や通信、度量衡、衛生などの分野において技術的・行政的な国際協力が求められるようになり、その調整のために国際機構が生まれることになった。

その嚆矢は一九世紀初頭、ヨーロッパにおいて国境を越えて貫流する国際河川の自由通航と管理のために設けられた国際河川委員会である。さらに万国郵便連合や国際電信連合など、技術的・行政的な国際協力のために設立された国際行政連合と呼ばれる組織である。これらの機関は国連において専門機関として継承されている。また、フランス革命に代表される市民革命がもたらした変化は、国民を主権者とする国民国家の誕生であるが、革命を契機に国民国家がヨーロッパから他地域に広がったことは国家間の「抗争」の体系が世界大で普遍化することを意味するものであった。

主権国家の制御とカントの平和構想

さて、分権的な国際社会においてそのような国家が有する主権を制御することはきわめて困難である。とくに、戦争に対する国際社会の考え方が正しい戦争と正しくない戦争を分けたうえで正しい戦争のみを認めるという正戦論から、戦争は国家の自由であり権利であるという無差別戦争観へとやがて移るにつれて、主権国家体系は同時に抗争の体系へと転化し、国際機構の生成を必然のものとしていった。そこから世界政府なきアナキカルな国際社会にあってどのように国際秩序を創り維持していくかという問いに対する回答として国際機構は生まれたのである。

国際機構を研究対象とする学問分野として国際機構論というものがあるが、最上によれば国際機構論の課題とは、「国家間の抗争と人間生活の恣意的分断という主権国家体制の弊害の克服がいかにして達成されつつある（もしくは阻害されている）かを認識し、それを達成するための適切な処方を発見すること」であるという。そのような国際社会の組織化の要請のなかで、具体的にいわゆる国際機構の原型が姿を現すのは、一九世紀に入ってからである。

しかし、それ以前の比較的早い時期から国際機構形成の思想的源流はみられた。そのなかでも有名なものが一七九五年にカントが著した『永遠平和のために』において示された平和構想である。カントは、同書のなかで共和制の採用を促し、常備軍の廃止を訴えて、そうした国々が「自由な諸国の連合」を形成することを提唱した。とくに「自由な諸国の連合」とは国際的な連合組織創設の構想である、それから一二〇年後、カントの思想に大きな影響を受けたアメリカのウィルソン大統領の強いイニシアチブによって誕生したのが国際連盟であったことはよく知られるところである。

ヨーロッパ協調とハーグ会議

さて、戦争が国際機構を生むとの法則のもとで一九世紀初頭に誕生した国際機構の原型がヨーロッパ協調である。ヨーロッパ協調とは、ナポレオン戦争後のウィーン会議（一八一四～一五年）を契機に成立した英、オーストリア、ロシア、プロイセン、フランスによる五大国指導体制のことである。ヨーロッパ協調はウィーン体制とも呼ばれるが、正統主義に立脚して秩序を回復し、列強の勢力均衡によって革命や戦争の再発を防ぐための体制であった。すなわち、ウィーン体制は戦争の結果を受け、戦後の世界管理の必要から作られた体制で、破壊された秩序の回復と戦争終結時の現状維持を目的としていた。ここから、国際機構の誕生は戦争と表裏一体のものであることがわかる。戦争が国際機構を生むとはそのことを指すものである。そして、戦後管理と戦勝国が築いた秩序の戦勝国自身による維持という思想は国連にも当てはまる。このことは国連を理解するうえできわめて重要となる。

このウィーン体制のもとで、第一次大戦までに三〇回ほどの会合が開かれ、勢力均衡の維持と植民地および勢力圏の配分が行われた。その特徴は、第一に常設的な国際会議で多国間会議外交（マルティラテラリズム）の始まりであったこと、第二に大国支配、すなわちエリート型の機関であった点である。国際機構は、すべての加盟国が参加する総会、限られた国々で構成される理事会、国益を代表せず中立的、国際的な性格をもつ事務局の三つの機関を主要な柱とするが、ヨーロッパ協調は理事会の原型であった。そして、第三に事務局の原初的な形態でもあった点である。

一方、一九世紀の終わりから二〇世紀はじめにかけて開かれたのがハーグ会議である（一八九九、一九〇七年）。この会議は戦争の後ではなく、近く発生する可能性のある戦争の抑止を目的とし、紛争の平和的解決の制度作りや軍縮・交戦法規の整備などに取り組んだ。国際立法会議でもあり国際紛争平和的処理条約もこの会議でつくられた。その特徴は、第一に主権平等原理に立脚する「総会」型の機関の原型であったこと、第二に平和的秩序の樹立が国際社会全体の課題であるという認識の深まりのなかで開かれた会議であった点である。背景には、ちょうどこの時期になると列強の植民地獲得競争も終わりをみせはじめ、ヨーロッパ協調のもとで維持されてきた勢力均衡が軍拡競争によって危うくなっていたという状況があった。その均衡が崩れた結果起きたのが第一次世界大戦であった。

国際連盟はなぜ第二次大戦を防げなかったのか

一九一九年、第一次世界大戦の終結を受けて開かれたパリ平和会議において国際連盟は誕生した。国際連盟の設立文書である連盟規約がヴェルサイユ講和条約の第一編を構成するものであったことは、戦争（の終結）と国際機構の創設が一体のものであることを象徴していた。国際連盟の源流がカントにあったことは先に述べたが、理想主義にもとづく世界で最初の普遍的かつ一般的な国際機構として国際連盟に期待が寄せられた。世界戦争の教訓からそれまで自由とされてきた戦争について禁止するとともに、敵対国を前提とした勢力均衡による安全保障に代わるシステムとして集団安全保障という方式を導入した。すなわち、すべての国を仲間として、仮にある国が侵略行為を行った場合は、他の国々が一致協力して対処するという仕組みである。

とくに戦争について、「戦争又ハ戦争ノ脅威ハ、聯盟国ノ何レカニ直接ノ影響アルト、否トヲ問ハス、総テ聯盟全体ノ利害関係事項タルコトヲ茲ニ声明ス」（規約第一一条）と規定したことは、戦争が特定の国家間の民事的な争いではなく国際社会全体を脅かす問題であること、言い換えるならば戦争と平和は不可分であり、平和という価値が国際社会の共通利益であるという考えを述べたという点で大きな転換であった。そして、「国交断絶に至るの虞《おそれ》のある紛争」が発生した場合は仲裁裁判か司法的解決、もしくは連盟理事会の審査に付することを義務づけ、①いずれの解決手段にも付さず、戦争に訴えてはならず、②裁判の判決あるいは審査の報告後は三カ月間は戦争に訴えてはならないこと、③裁判の判決に服する国、もしくは理事会の全会一致による勧告に応ずる国に対しては戦争に訴えてはならないという形で戦争を禁止した。

しかし、戦争の全面的な禁止ではなく、戦争モラトリアムと呼ばれるように上記の条件のもとでの禁止であり、抜け穴を残す形となった。戦争の本格的な禁止については、その後の不戦条約（一九二八年）やさらには国連の創設を待たなければならなかった。また、非軍事的制裁については加盟国が個々に判断するものとされ、軍事的制裁についても理事会が連盟各国に提案するという形であった。その結果、小国の関係する小規模な紛争の解決にはある程度成功したが、大国が関係する紛争にはほとんど無力であった。

国際連盟

とくに、一九三一年、日本が中国を侵略したいわゆる満州事変では、連盟は調査団（リットン調査団）を派遣し、満州事変は日本の侵略行為であり自衛のためとは認定できないとしたものの、日本の満州での権益は認めるという妥協的な内容であった。すなわち、連盟の対応は欧米列強寄りのもので連盟の弱腰が際立つものであった。しかし、その調査結果に納得できない日本は、その後、一九三三年に国際連盟を脱退することになる。また、一九三四年のイタリアによるエチオピア侵略においても英仏両国が制裁には気乗り薄であった。その背景としては世界恐慌による経済不況にあって、イタリアへの経済制裁は行ったものの列強はイタリアからの輸入はともかく、輸出を禁止することには消極的であったことなど中途半端な対応に終始したことがあげられる。その結果、イタリアによってエチオピアは征服されることとなった。

ともあれ国際連盟の失敗には様々な要因が考えられる。集団安全保障をめぐる機構構想について、軍事力の規模に関する欧米諸国間の考えが一致しないなど、当初からあやふやであったこともそのひとつであろう。しかし、なかでも大きな要因としてあげられるのは、当時の大国がことごとく脱退していったことである。連盟の集団安全保障体制では理事会が強い権限をもつ集権的なものではなく、大国の実力にまかせるものであった。しかしその大国が連盟を去っていくことになった。

一九三三年には、日本とドイツが脱退、一九三七年にはエチオピア侵略に不満を抱いたイタリアが脱退、対フィンランド紛争を契機にソ連が除名され、連盟創設を強力に推進したアメリカ自身が加盟についての議会の承認がえられず、結局参加することはなかった。その結果、大国をあてにした安全保障体制は脆くも崩れ去ることになったのである。ドイツに対する莫大な賠償金は世界恐慌の影響も相まってナチスドイツの台頭を招き、世界は再び戦争へと突入していった。平和のための国際機構はわずか二〇年でその終わりを迎えることになったのである。

第2章

国連の描く平和と安全保障構想

戦後の世界秩序構想としての国連

国際連盟が第二次大戦を防げず世界に壊滅的な破壊と犠牲をもたらしたことは、国際社会における平和がいかに脆く危ういものであるかを痛感させることになった。もちろん、国際連盟だけにその責めを帰すべきものではないとしても、主権国家体制の弊害を克服するために構想された国際機構が戦争を阻止できなかったことは、その後の国際秩序の構築を考えるうえで多くの教訓を残すことになった。第二次大戦の反省のもとに戦後の平和構想が話し合われ国連が創設されたことについてはその経緯も含めてすでに述べたが、国連は連盟の失敗と反省をふまえ侵略の防止と紛争解決、すなわち「国際の平和と安全の維持」を最大の目的としたうえで、より包括的な観点から平和を構想し多国間主義（マルティラテラリズム）によって世界秩序を構築しようとした。しかし、それは国家を超えるものとしてではなく、多くの国際機構がそうであるように国家をつなぐものとして考えられた。その意味では、国連は国家の集合体に過ぎないものとして出発したといえる。

しかし、国連の存在意義は国家の単独主義（ユニラテラリズム）を許さないところにあり、その本質と正統性の源は普遍性にあるといってよい。普遍性とはすべての物事に通じる性質のことであるが、国際社会においてはそれを構成する大半の諸国家が主権平等原則のもとで対等な立場で国連に参加し、意思決定を行うということを意味する。それを体現した機関が国連総会である。そして、主権平等原則は行動原則を定めた憲章の第二条一項に明記され、総会における一国一票制度として表れている。その意味で総会は国際社会の意思を反映する〝人類の議会〟ともいえる。しかし、「平和と安全の維持」を託されたのは安保理であった。

その中心メンバーとなったのは第二次大戦において自由と人権、民主主義を守るために全体主義国家である枢軸国と戦い、勝ち抜いた戦勝国、すなわち連合国であった。国連と日本語に訳される the United Nations の意味するところが連合国のことであることは、国連がそのような国を中心として構想された戦後管理のための国際組織であることを端的に示している。その中心となる大国はいうまでもなく安保理の常任理事国（P5）である。

武力行使の禁止と集団安全保障

国際連盟の教訓から、国連はまず戦争の違法化をより徹底することを憲章の中核規定として置いた。憲章は、第二条三項で「すべての加盟国は、その国際紛争を平和的手段によって国際の平和及び安全並びに正義を危《あやう》くしないように解決しなければならない。」としたうえで、四項において「すべての加盟国は、その国際関係において、武力による威嚇又は武力の行使を、いかなる国の領土保全又は政治的独立に対するものも、また、国際連合の目的と両立しない他のいかなる方法によるものも慎まなければならない。」とした。連盟規約や不戦条約では「戦争」という言葉が使われていたが、戦争とは国際法上は開戦意思などの戦意表明を伴う武力行使を指すことから、事実上の戦争を含む武力行使、さらには威嚇も含めて違法化したのである。ただし、後に述べる国連の集団的措置にもとづく場合（第四二条、第五三条一項）、および個別的・集団的自衛権（第五一条）にもとづく武力行使の場合については例外とされた。なお、国際司法裁判所（ＩＣＪ）はニカラグア事件においてこの武力行使の禁止が慣習国際法としての地位をもつことを認めた。

国連本部前のモニュメント

　そして、武力行使の禁止に伴って個別国家による軍事力を用いた安全保障が禁止される結果として確保されなければならないのが、国際社会の安全保障である。国連では武力行使の禁止の徹底とともに集団安全保障についてもより強固な体制を整えた。その要となるのが安保理である。憲章は第二四条で、「国際連合の迅速且つ有効な行動を確保するために、国際連合加盟国は、国際の平和及び安全の維持に関する主要な責任を安全保障理事会に負わせるもの」とすると規定し、続く第二五条において、「国際連合加盟国は、安全保障理事会の決定をこの憲章に従って受諾し且つ履行することに同意する。」と規定する。すなわち、安保理が国際の平和と安全の維持を担う主要機関であることを明記するとともに、安保理の決定はすべての加盟国を拘束するとしているのである。国際連盟における理事会と比較しても強い安保理を構想していることがわかる。

しかし、総会には平和と安全の維持に関する権限はないのであろうか。これについては、先に述べたように憲章原案では安全保障分野では総会の権限は皆無に等しかったことについてサンフランシスコ会議において中小国から強い反対があった。このことから、憲章の範囲内にある問題については、討議し、また一定の条件のもとで勧告することができるとするとともに、国際の平和と安全の維持に関する事項について総会は討議し勧告できるとしたうえで、安保理が任務遂行中は勧告はできず（第一二条一項）、行動を必要とするものは安保理に付託すること（第一一条二項）という形で安保理と総会の権限調整を行った。

国連安全保障理事会

武力行使および威嚇の禁止とともに国連は国際連盟で採用した集団安全保障体制をより強化する形で構想した。集団安全保障についてあらためて定義すれば、「対立関係にある国家をも取り込んだ一つの集団を形成し、集団内の一国が他国に対して行う武力攻撃は集団の構成国すべての共通利益への侵害であるとして加害国に集団的な制裁行動をとることを通じて、集団構成国全体の安全を保障する制度」であり、憲章では第七章に詳細な規定がおかれている。その中心を担うのが安保理になる。

憲章第三九条は、「安全保障理事会は、平和に対する脅威、平和の破壊又は侵略行為の存在を決定し、並びに、国際の平和及び安全を維持し又は回復するために、勧告をし、又は第四一条及び第四二条に従っていかなる措置をとるかを決定する。」と述べて、事態が発生した場合、安保理がそれらが「平和に対する脅威」、「平和の破壊」、「侵略行為」に該当するかをまずは判断した上で、それらに該当すると認定した場合、いかなる措置（制裁など）をとるかを決定することになる。具体的には、非軍事的措置（第四一条）および軍事的措置（第四二条）になるが、いずれも強制措置、すなわち強制によって平和を回復する措置（peace enforcement）としての性格を有することになる。その意味では、安保理のとる措置は警察的な行動といってもよい。そして、安保理が非軍事的制裁では不十分であると判断した場合は軍事的措置がとられることになるが、そのための部隊として国連軍が構想され、そのための特別協定を安保理と加盟国の間で結ぶことが予定された（第四三条）。

安保理の拒否権とは何か

さて、安保理をめぐって最も注目されるのは、常任理事国（P5）の拒否権である。たしかに、ウクライナ戦争においてもイスラエルとハマスの軍事衝突においても拒否権によって安保理の行動が大きく制限され、機能麻痺に陥ったことは紛れもない事実であり、それがそのまま紛争を解決できない国連というイメージにつながっていることは確かである。しかし、国連憲章に拒否権という言葉があるわけではない。憲章は、第二七条二項で、「手続事項に関する安全保障理事会の決定は、九理事国の賛成投票によって行われる。」とし、三項で「その他のすべての事項に関する安全保障理事会の決定は、常任理事国の同意投票を含む九理事国の賛成投票によって行われる。但し、第六章及び第五二条三項に基く決定については、紛争当事国は、投票を棄権しなければならない。」と規定している。すなわち、非手続事項については五常任理事国すべての賛成投票がなければ可決されないこと、言い換えるならばP5の全会一致を求めている。裏返して言えば、P5の一カ国でも反対すれば決議は通らないことになり、これがいわゆる拒否権と呼ばれるものである。

侵略の阻止には大国の一致がなければならないというP5の考えを手続きとして憲章に埋め込んだわけであるが、P5にとっては、かつてアメリカが議会の反対によって国際連盟に参加できなかったことの教訓に学び、自国が安保理の扱う紛争に巻き込まれるのではないかとの国内の懸念に対し、拒否権がそれを否決できる切り札であることを示すことで国内的な説得材料となるという思惑があったといえる。

また、国連側からみれば、国際の平和と安全の維持に軍事的、政治的に大国の力を借りざるを得ない状況にあって、大国をつなぎとめるために認めざるを得なかったということもいえる。その背景には国際連盟が大国をことごとく欠いた結果、第二次大戦を防げなかったことへの教訓があることは確かである。また、仮に拒否権が与えられない形のなかで、P5の一国が侵略行為を行ったとした場合、もし他のＰ５諸国が決議に賛成して可決され侵略国に軍事的措置をとった場合、大国間での戦争につながることが十分想像される。その意味で、拒否権は大国間の戦争を回避するための安全弁であるといわれることもある。ハーバード大学ケネディスクールの学長も務めた国際政治学者のジョセフ・ナイは、拒否権を過度な電流が流れることを未然に防ぐブレーカーにたとえて、停電になったとしても火事になるよりはまだましかもしれないという趣旨のことを述べている。停電には大国間の大規模な戦争のことであり、停電とは拒否権によって安保理が行動をとらない（とれない）状況を指しているといってよい。

しかし、だからといって拒否権を認めることが正しい、もしくはやむを得ないということでは全くない。これほど非民主的な大国の特権はないからである。なぜなら、集団安全保障体制とは、本来、侵略等を行った国に対して制裁を加えるシステムであるが、拒否権が意味するところは、大国自らが制裁の対象となったとしても拒否権を行使することで制裁を受けることがなくなるということでもあり、大国不可罰の仕組みであるからである。最上が鋭く指摘するように、そこには安保理常任理事国は違法な、処罰されるべき武力行使を行わないという前提があり、侵略を行う国とそうでない国を区分する決定論的な二分法である。

同時にＰ５が拒否権を行使することなく大国一致によって決議が通ること自体が望ましい

というのも正しい言い方ではない。なぜなら、安保理の決定はすべての加盟国を拘束する力をもつうえ、安保理の決定に対するチェックおよびコントロール手続きが不明確であるなかで、大国一致による強制行動が恣意的にとられる可能性を否定できないからである。ではなぜそのような非民主的な仕組みが認められたのか。それはまさに国連が戦争を勝ち抜いた大国が中心となってつくった組織であるという点に帰着する。安保理はそれを体現した政治的機関であるということである。その本質は、創設から80年を迎える現在も変わらない。

冷戦のはじまりと国連に落とした影

さて、国連について論じるうえで、冷戦を抜きには考えることはできない。東西冷戦は戦後の国際政治に大きな影響を与えたことはいうまでもないが、国連についても大きな影響と構造変容をもたらした。とくに、平和と安全の分野について与えた影響は大きかった。なぜならば、冷戦対立の両陣営の盟主であるアメリカとソ連が安保理の常任理事国であったからである。

東西両陣営の対立は連合国がともにドイツや日本の枢軸国陣営と戦っていた第二次大戦中にすでに始まっていたとされる。先に述べたように一九四五年二月のヤルタ会談は連合国の戦後処理構想に関する首脳会談で、国連の設立は重要な案件のひとつであったが、ドイツの戦後処理では米・英・ソ・仏の四カ国による分割管理などを決定した。

なかでもポーランド問題をめぐってはヤルタ会談でも多くの時間を割いて話し合われたが、東西両陣営の対立は予断を許さないものがあった。ドイツ占領下のポーランドはロンドンに亡命政府をおいていたが、その解放はほぼソ連軍の独力で進められていた。ソ連は国境を接するポーランドへの影響力を保持するため、地下に潜っていた労働者党（実質的な共産党）員を中心に、亡命政府とは別に戦後政権の受け皿となる組織をつくった。これに対して英米は亡命政府を支援する形で対抗したため、対立は深まった。とくにイギリスとソ連が激しく対立したが、アメリカの仲介で戦後に自由選挙を行い、民主的な政府を樹立させることでひとまず妥協が成立した。しかし、戦後はヨーロッパでのベルリンをめぐるドイツ問題やアジアにおける朝鮮問題で東西の対立は深刻さを増していった。

さらに、イギリスの首相であったチャーチルは一九四六年三月、「鉄のカーテン」演説を行う一方、一九四七年三月には、アメリカのトルーマン大統領はトルーマン・ドクトリンを発表し、ソ連・東欧圏の「封じ込め政策」を発表した。同年六月にはアメリカがマーシャル・プランを発表、一九四九年一月にはそれに対抗してソ連・東欧圏諸国はコメコンを発足し、経済面で東側陣営の引き締めを図った。さらに、軍事面においては同年四月にアメリカなど西側陣営がＮＡＴＯ（北大西洋条約機構）を結成してソ連包囲網を構築、一九五五年五月にはソ連と東欧八カ国が西側のＮＡＴＯに対抗してＷＴＯ（ワルシャワ条約機構）を結成するなど、冷戦対立は深刻さを増していった。

安保理の機能麻痺と「平和のための結集決議」

このような冷戦を反映して、国連における安全保障構想も発足当初から頓挫を余儀なくされることになった。その結果、創設時に軍事的措置のために構想された国連軍は結成されることなく終わった。その理由は国連軍の規模や構成についてＰ５間で考えが一致しなかったことがあるが、おもな対立は冷戦を背景とした米ソ間の対立であった。また、安保理では米ソを中心とする拒否権の応酬によって機能麻痺に陥った。とくに初期においては、相手方陣営からの加盟を阻止するための拒否権行使が多くなされた。日本の加盟は国連創設から一一年後のこととなるが、その理由は、ソ連が拒否権を行使して西側陣営の一員となった日本の加盟に反対したからであった。

米ソ両大国の間では冷たい戦争であったが、冷戦期に国際社会で戦争がなかったわけではなく、アジアをはじめ世界各地域では代理戦争が発生した。そのひとつが一九五〇年六月、南北に分断された朝鮮半島で勃発した朝鮮戦争である。ソ連の正式な参戦はなかったが、アメリカと中国が参戦し、事実上両陣営が直接対立する「熱戦」となった。第５章で詳述するが、朝鮮戦争は、北朝鮮軍の南への侵攻で始まり、アメリカが南を支援して盛り返し、後半は中国軍が北を支援して参戦、一九五三年に北緯三八度線で両軍が対峙したまま休戦協定が成立した。朝鮮戦争勃発に対し、国連安保理は緊急会合を開催し、即時停戦と北朝鮮の撤退勧告を決議した。そして、国連軍の派遣を決定した。もっとも、国連旗を掲げていたために国連軍と呼ばれる場合があるが、事実上はアメリカを中心とした西側同盟軍であった。いわゆる朝鮮型国連軍である。この時、安保理決議によって部隊が派遣できたのは、ソ連が中国代表権問題をめぐって欠席していたからであった。その後、ソ連が安保理に復帰するなかでアメリカはソ連が拒否権を行使するのではないかと警戒した。

そのようななか、アメリカが主導し一九五〇年一〇月に成立したのがいわゆる「平和のための結集決議」である。この決議は、国際の平和と安全を維持するために国連が行動する必要があるにもかかわらず、常任理事国（P5）の全会一致の合意が得られないために安保理が行動をとれない場合、総会が安保理に代わって行動することができるというものである。二四時間以内に総会を緊急に招集できるというもので、緊急特別総会は、安保理のいずれの九カ国によっても、また国連加盟国の過半数によっても招集できることになった。「平和のための結集決議」は、一九五一年から二〇二二年の間に一三回発動され（安保理が八回、総会が五回）、そのうち一一回は緊急特別総会が招集された。記憶に新しいのは、二〇二二年三月、ウクライナ戦争に際してロシアの拒否権行使によって安保理決議が否決されたことを受けて約二五年ぶりに開かれた緊急特別総会である。その結果、総会において、ロシアを非難し、軍の即時撤退などを求める決議案が賛成多数で採択された。後でも触れるが、「平和のための結集決議」の発動は、安保理が機能麻痺に陥った際に総会がとりうべき方策として注目される。

冷戦期の安保理の動き

しかし、冷戦期に安保理が全く機能していなかったわけではなく、いくつかの紛争や事件について行動がとられている。安保理によってとられた認定と措置についてみておくと、憲章第三九条による安保理による認定については、①「平和に対する脅威」について、一九六六年の南ローデシアの一方的独立宣言とそれに伴う事態に対する認定、および一九七七年の南アのアパルトヘイト政策に関する認定がある。②「平和の破壊」に対する認定については、先ほど述べた一九五〇年の朝鮮戦争における北朝鮮からの韓国に対する武力攻撃、一九八二年のフォークランド紛争、一九八七年のイラン・イラク戦争に対するものがある。なお、「侵略行為」については安保理による認定例はない。

安保理によってとられる措置については、第三九条に続いて①暫定措置というものがある。

暫定措置に関する第四〇条は、「事態の悪化を防ぐため、第三九条の規定により勧告をし、又は措置を決定する前に、安全保障理事会は、必要又は望ましいと認める暫定措置に従うように関係当事者に要請することができる。」と規定する。これは、強制行動をとる前に事態の悪化を防止するためにとられる措置である。たとえば、停戦の要請や兵力の撤退、休戦協定締結の要請などがあげられるが、第四〇条に明示的に言及して暫定措置がとられたものとしては、一九四八年のパレスチナ紛争に対する停戦命令決議などがある。また、②非軍事的措置（第四一条）としては経済制裁などがあるが、憲章が想定した武力行使や侵略に対してではなく、南ローデシア問題や南アのアパルトヘイト問題に関して人権や自決権の侵害に対してとられた例がある。③軍事的措置（第四二条）としては、「朝鮮型国連軍」に対するものがあるが、これら冷戦期に安保理によって強制措置がとられた例は数少ないといってよい。

スエズ紛争とPKOの誕生

国連は冷戦期において上記の措置以外に「平和と安全の維持」の分野において全く機能しなかったのかといえば、そうではない。ＰＫＯ（Peacekeeping Operations）として知られる国連平和維持活動が登場したのは冷戦のさなかであった。ＰＫＯとは、紛争地域の事態の悪化を防止し、平和の維持・回復を促進するために、国連の権威の下に行われる活動のことであるが、具体的には軽武装の平和維持軍と非武装の軍事監視団の二つの類型からなる活動を指す。

しかし、ＰＫＯという活動は国連が創設された時から想定されていたものではない。まさに冷戦による拒否権制度の濫用《らんよう》によって、国連の集団安全保障体制が機能麻痺に陥るなか、国連の慣行によって生み出されていった。初期の平和維持活動として登場したのは、一九四八年、第一次中東戦争の監視を目的とした国連休戦監視機構（ＵＮＴＳＯ）、インド・パキスタン戦争を契機に設置された国連インド・パキスタン軍事監視団（ＵＮＭＯＧＩＰ）などの軍事監視団である。

ＰＫＯが注目されるようになったのは、軍事組織をともなう平和維持軍が登場してからとなる。その最初の例が、一九五六年、スエズ紛争（第二次中東戦争）の際に創設された国連緊急軍（ＵＮＥＦ）である。エジプトによるスエズ運河の国有化に際し、反発したイスラエル、フランス、イギリスがエジプトに軍事介入した。これに対してアメリカは安保理の緊急会合開催を要請したがフランス、イギリス両国の拒否権により、安全保障理事会の活動は妨げられた。しかし、「平和のための結集決議」を利用して開かれた緊急特別総会を受けて、ハマーショルド国連事務総長らの努力によって初の国連平和維持軍となるＵＮＥＦＩが派遣され、一九六七年五月に撤退するまで停戦や外国軍隊の撤退の監視にあたった。

その他、一九六〇年、コンゴ動乱の際に派遣されたコンゴ国連軍（ＯＮＵＣ）、キプロス国連軍（一九六四年）、第二次国連緊急軍（一九七三年）、ゴラン高原に派遣された国連兵力引き離し監視軍（一九七四年）、レバノン国連暫定軍（一九七八年）など多くのＰＫＯが展開した。

これらＰＫＯは後に述べる冷戦後のＰＫＯに対して伝統的ＰＫＯとか第一世代のＰＫＯと呼ばれるが、その活動原則の特徴は以下の三つである。第一に非強制的性格である。具体的には、ＰＫＯの派遣は全紛争当事者の同意を得た上で行うという同意原則、武器の使用は隊員自らが自身の身を守る自衛目的に限定されるという自衛原則である。第二に中立的性格である。ＰＫＯは紛争当事者の一方に加担するような行為を慎むことが求められ、そのためＰＫＯの編成については大国や利害関係国は除外され、おもに中小国によって構成された。また、紛争当事国の内政に干渉しないという内政不干渉の原則もこの性格に含まれる。第三に国際的性格である。すなわち、ＰＫＯ部隊が国連の統括下に置かれることで、総会または安保理決議で事務総長が任命した司令官の指揮のもとで活動を行い、司令官は事務総長に報告書を提出することになる。

これら平和維持活動は、国連憲章に明文の根拠規定をもつものではなく、国連の慣行上形成されたものである。軍事組織ではあるが憲章第七章の予定している強制措置でもなく、「平和維持」活動であって第六章の予定している紛争の平和的解決を直接目指したものでもないことから、その法的根拠について象徴的な意味で「六章半」といわれることがある。学説上、法的根拠については諸説あるが、その憲章適合性が問題となった国連経費事件で国際司法裁判所（ＩＣＪ）は、国連憲章に明示規定されていない場合であっても、国連の目的の実現や任務の遂行に不可欠である場合には「推論された権能」から合憲章性が認められると判示した。

ＰＫＯについて大事な点は、その非強制的性格である。強制による平和が頓挫するなか、ある意味で手探りの結果として登場した活動ともいえるが、第一世代のＰＫＯについてはその目的はあくまで平和の維持（peace-keeping）であって「強制」でも「解決」でもない。しかし、国連特殊政治問題担当事務次長を務めて国連平和維持活動（ＰＫＯ）を率い、「ミスターＰＫＯ」と呼ばれたブライアン・アークハートがＰＫＯを称して「軍事的な地平に非暴力の原理を投射すること」と述べたように、その非暴力性にＰＫＯの積極的意義と平和創造のひとつの形を見ることができる。

植民地の独立と総会の台頭

「非暴力」を端緒に国連における「平和」をより広い視点でみるならば、それは安保理（決議）を通じた平和強制に限られるものではない。機関でいえば国連システムのあらゆる機関が平和のために活動しているといってよい。しかし、それはあまりにも広く議論の焦点をぼやかすことになるので主要機関に絞った場合、総会の役割を見逃すことはできない。冷戦期、安保理が機能不全に陥っている間に国連では大きな構造変化が起きていた。その契機となったのが一九六〇年代を中心に進展した植民地諸国の独立である。五一カ国の原加盟国で出発した国連は、現在一九三の加盟国を有する普遍的な機関として発展を遂げた。それは、植民地支配下にあったアジア・アフリカ諸国が独立の末に国連への加盟を果たしたことが大きい。それを推進する理念となったのが人民の自決の原則及び自決権であった。一九六六年に採択された国際人権規約が、「経済的、社会的及び文化的権利に関する国際規約」(社会権規約、A規約)、「市民的及び政治的権利に関する国際規約」(自由権規約、B規約)ともに第一条で自決権を謳っていることは、自決権が人権の不可欠の基礎であることを示すとともに、その共有主体が人民(people)であるという点で集団としての新しい人権という性格も有している。

植民地の独立によって国際社会に生じた新たな課題は、南北問題であった。その結果、国際社会の関心は、開発の促進や先進国主導の国際経済秩序に対する異議申し立て、核軍拡競争への抗議、アパルトヘイトやイスラエル占領下のパレスチナ問題、人権、環境問題などに向けられていくようになった。そして、安保理中心的な大国主導型の機構構想に対して、独立を果たした国々が国連に加盟することで多数派となったそれら新興独立諸国が、開発や環境、軍縮等の経済社会分野を中心とする諸問題について数を背景に様々な決議を採択するようになっていった。これら総会決議は勧告であって拘束力をもつものではないが、とくに中小国の意思を反映するものとして国際社会をリードし、積極的平和の中身を埋めていく役割を果たしていった。また、総会や経済社会理事会などの主要機関のもとにつくられた附属機関や専門機関は様々な問題が発生する現場において、国家やNGO、企業など様々なアクターとも連携しながら、開発援助や人道支援など経済社会分野での活動を積極的に進めていった。

国連事務総長とICJの役割

その他、ここでは詳しくは触れないが、国連事務総長や国際司法裁判所（ICJ）の役割も国連の平和を考える上で重要である。事務総長について国連は、事務局のトップという行政の長に加えて、政治的な権限も与え役割を果たしてきた。安保理の招集を求めたり、紛争に関する懸念を安保理議長に対して表明したり、理事国の相互協議を要請したりするとともに、事務総長が紛争の調停活動にあたった事例も多い。事務総長は大統領のような政治的権力をもつ存在ではなく、国連の権威を象徴する立場として pope（ローマ教皇）に近いとも評されるが、今後の動向が注目される。ICJについては、国連の主要機関のひとつとして位置づけられ、国際裁判を通じた国家間紛争の平和的解決や勧告的意見を出すことで重要な役割を果たしてきたことはいうまでもない。

ロシアによるウクライナへの軍事侵攻について、二〇二二年三月一六日、ＩＣＪは「国際法に照らして重大な問題を提起している」としてウクライナ側の訴えを認め、ロシアに対して直ちに軍事行動をやめるよう命じる暫定的な命令を出した。

また、ガザ地区で起きている人道上の事態については、二〇二三年一二月二九日、南アフリカがイスラエルをＩＣＪに提訴し、その中で暫定措置を要請した件に関し、二〇二四年一月二六日、ＩＣＪは、南アフリカの要請をふまえ、暫定措置命令を発出した。また、南アフリカがイスラエルによるパレスチナ自治区ガザ地区南部ラファでの軍事作戦停止をＩＣＪに要請した件をめぐっては、二〇二四年五月二四日、イスラエルにガザ地区南部ラファでの軍事作戦の停止を求める暫定措置命令を発出、七月一九日には、イスラエルによるパレスチナの占領政策が国際法に違反し、イスラエルにはユダヤ人の入植活動を停止する義務があるとする勧告的意見を出すなど、ＩＣＪも両紛争に関与していることがわかる。しかし、国際裁判については国内裁判と違い、紛争当事国の同意を前提とする任意付託を原則としていることから、大きな限界を有していることも確かである。

冷戦後の安保理と問われる平和のかたち

一九八九年一二月、ブッシュ大統領とゴルバチョフ書記長の米ソ首脳がマルタ島で会談し、冷戦終結を宣言した。国連創設以降、宣言がなされるまで半世紀近くにわたって続いてきた冷戦の終結は、国際社会はもとより、国連にとっても大きな変化と影響を与えることになった。当時の様子については、この後の章で詳しく述べることになるので詳細に触れることは控えるが、冷戦後の国際社会の潮流のなかで国連がどのように変化し、対応を迫られることになったのかについて概観しておきたい。冷戦後の国際社会の変化としては、以下のような点があげられる。冷戦終結とは米ソを盟主とした東西両陣営間の軍事的、イデオロギー的対立の終焉であるが、ソ連のゴルバチョフ政権が進めたペレストロイカのもとで新思考外交を打ち出したことで東欧諸国のソ連離れを刺激して一九八九年に東欧革命が一気に進んだ。そして、一一月にはベルリンの壁が開放に至ったことで世界は平和の訪れを期待した。

しかし、同時に米ソの軍事的対立の陰で隠れていた問題が顕在化し、多様化したのが冷戦終結による第一の変化であった。具体的には内戦や民族紛争、地域紛争が頻発し、9・11同時多発テロに代表されるようにテロも多発するようになった。その他、貧困や人権、難民、環境など軍事力だけでは対処できない地球的な諸課題への対応を迫られることになった。そして、国連にとっての大きな変化は、米ソの拒否権の応酬が収まり国連安保理が活性化したことである。

そのようななか、一九九〇年八月、イラクによるクウェート侵攻によって起きたのが湾岸危機であった。安保理はイラク軍に撤退勧告を行い、経済制裁を決定するとともに「必要なあらゆる措置」を加盟国に授権するいわゆる武力行使容認決議を採択。多国籍軍が結成され、一九九一年一月にイラク攻撃を開始し湾岸戦争へと発展した。その結果、戦争は短期間で終わり、イラクが国連決議を受け入れる形で敗北し、クウェートから撤退した。この出来事は国連への期待を高めたが、実際には冷戦後の多くの紛争は国家間紛争ではなく内戦や民族紛争が多くを占めるようになった。また、中東でのアメリカ軍の軍事行動に対するイスラム原理主義の反発のきっかけともなり、9・11同時多発テロやアフガニスタン戦争、イラク戦争などにつながることにもなった。

第二の変化は、グローバリゼーションの進展である。グローバル化は経済、情報、人権、環境など様々な分野で広がりを見せた。グローバリゼーションは、一九七〇年代に始まっていたとされるが、冷戦の終結および一九九一年のソ連の崩壊によってアメリカの単独覇権が確立したことによって加速することとなった。なかでも経済面でのグローバリゼーションは自由主義経済にもとづく競争による貧富の格差を一層拡大させることになった。また、西側の勝利によって、自由、人権、民主主義などの価値が普遍化するとともに、情報通信（ICT）技術の急速な発展はインターネットやSNSの普及を通じてグローバル・ネットワーク社会の形成をもたらした。さらに、このこととも関連するが、第三の変化として地球市民社会の台頭とそれに伴う主権国家の相対化が語られるようになった。NGOや市民が国境を越えてつながり世論を形成するとともに連帯することで影響力を増すようになった。

民族紛争の頻発と変化するPKO

米ソのタガが外れたことによって、一九九〇年代には旧ユーゴスラビアやソマリア、ルワンダ、シエラレオネ、東ティモールなどで多くの内戦や民族紛争が各地で発生するようになった。それらの紛争に対し、国連は特定の国家で構成される多国籍軍に武力行使を授権する形やPKOの派遣を通じて関与する例が増えるようになった。一九九二年に開かれた安保理元首級会合後の議長声明では、軍事分野のみならず、経済・社会・人道・環境といった非軍事分野も「平和に対する脅威」となりうることが確認され、国連は当初想定した国家間紛争ではないタイプの紛争やテロ、人道問題などに対しても「平和に対する脅威」と認定するようになった。つまり、安保理が対象とする「平和」の概念が広がったともいえる。

同時にこれら内戦や民族紛争ではジェノサイドや非人道的な行為が多発するようになった

ことから、武力紛争下における文民の保護や戦争犯罪への対応が求められるようになった。その背景にあるのは、冷戦後における人権の主流化という潮流である。この潮流は、先ほど述べたように自由、人権、民主主義的価値の普遍化や市民社会の台頭の変化と密接に関連しているともいえる。文民の保護については、内戦で発生した大規模な飢餓、ジェノサイド、重大な国際人道法の違反、民族浄化に対してソマリア、ルワンダ、スレブレニツァにPKO等の派遣が試みられた。

ソマリア内戦では、深刻な氏族対立と干ばつ、国内経済の崩壊により多数の餓死者や難民、国内避難民が発生した。国連は一九九三年、UNOSOMⅡ（第二次国連ソマリア活動）を派遣したが、アイディード将軍率いる部隊の捕捉作戦でPKO部隊が紛争当事者になり、米兵や多くの市民が犠牲になるという結果となり、PKO部隊はソマリアから撤収を余儀なくされた。このUNOSOMⅡは、一九九二年にガリ事務総長が『平和への課題』で提唱したものので、PKOに強制的性格をもたせる平和執行部隊構想を試したものであった。しかし、失敗に終わり、ガリも一九九五年『平和への課題――補遺』において強制行動と平和維持活動との区別を曖昧にすることの危険性を指摘して失敗を認め、PKOは非強制であるべきとしてこの構想を撤回した。また、アメリカは一九九四年五月、国益に寄与しない紛争への介入は行わないとする「大統領決定指令」を出すことになった。

一九九四年にはルワンダに、一九九五年にはボスニア・ヘルツェゴビナのスレブレニツァにもＰＫＯが派遣されたが、ルワンダではこの時期に一〇〇日間で八〇万人のツチやフツ穏健派が犠牲になり、スレブレニツァではムスリム人七五〇〇人がセルビア人共和軍により虐殺されるなど、人道危機から文民を保護することの難しさを痛感させられる出来事であった。これらの出来事もあり、ＰＫＯへの熱は冷めていった。

一方、冷戦後、ＰＫＯの活動内容にも変化がみられるようになった。すなわち、地域紛争、民族紛争の頻発に伴い、ＰＫＯの活動も伝統的な国家間の停戦・休戦の確保のみならず、選挙監視や暫定統治、行政活動など紛争後の平和構築まで担う形へと多様化した。いわゆる、多機能型ＰＫＯとか第二世代のＰＫＯと呼ばれるものである。そこでは、停戦監視、兵力引き離し、非武装化など武力紛争の軍事的収拾とともに、難民救援、人権活動、治安維持、行政機構の再建、選挙など政治的解決も担うようになった。そのようななかで一九九二年、カンボジアに派遣された国連カンボジア暫定統治機構（ＵＮＴＡＣ）は、わが国にとっても自衛隊の海外派遣を初めて行った事例として有名である。

人道的介入と保護する責任

話を戻すが、文民の保護については一層難しい判断が問われる問題が発生した。それが一九九九年にコソボで起きた人道危機である。コソボはユーゴスラビアのセルビアに属する自治州で、住民の九〇％がアルバニア系住民で構成される地域であったが、ユーゴがコソボの地方自治権を無効にしたことからコソボのアルバニア系住民が反発し、武力による独立を求めて結成されたコソボ解放軍（ＫＬＡ）とセルビア当局の間で戦闘となり、人道上の危機が生じた。

この事態に対して、安保理が対応できないなか、ＮＡＴＯがユーゴスラビアに空爆を行った。このことをめぐって、国連安保理の決議がないまま有志国家が人道危機に対処するために軍事力を用いてでも介入すべきか否かというい わゆる人道的介入をめぐって議論が巻き起こった。これはある意味で国連における武力行使禁止原則のもとで、国家主権（内政不干渉）を尊重する立場から安保理決議にこだわるのか、憲章に反してでも人権、人道を優先すべきなのかという難しい問題でもあった。結局、「違法だが正当」という言葉で評されたりもしたが、人道を大義名分にした介入への警戒感はとくに中小国においては依然として根強いことは確かである。

そのようななか登場したのが「保護する責任」（Responsibility to Protect）という概念である。これは、二〇〇〇年のミレニアムサミットにおいて、いかなる場合に介入が行われるべきか、介入と国家主権の関係を明確にすべきとのアナン事務総長の呼びかけにカナダ政府が呼応して二〇〇〇年九月、「介入および国家主権に関する国際委員会（ＩＣＩＳＳ）」が設置され、二〇〇一年一二月に「保護する責任（Responsibility to Protect）」という報告書として提唱された概念である。それは、主権国家には自国民を守る責任があるが、国家に対処能力がない場合、国際社会は状況によっては武力行使を伴ってでも行動する責任があるとするものである。これは主権との関係において衝突を避け、国際社会としての責任という補完的な形で主権と人権の調和をはかろうとしたものであったといえる。「保護する責任」は、二〇〇五年九月の国連総会首脳会合での成果文書で明記されたが、介入は安保理の承認により行使されるとした。

人権の主流化

また、人権の主流化の動きとしては、戦争犯罪を訴追・処罰する動きがみられるようになったことである。これは、非人道的行為に対する不処罰を許さず、法による正義の実現をはかろうとする試みであり、旧ユーゴやルワンダでの非人道行為を裁くための旧ユーゴ国際刑事法廷（ＩＣＴＹ）やルワンダ国際刑事法廷（ＩＣＴＲ）が安保理決議によって設置された。安保理は裁判所までつくったのである。さらに、これらアドホックな法廷に対して、条約にもとづく常設的な刑事法廷として二〇〇二年に設置されたのが国際刑事裁判所（ＩＣＣ）である。

さらに、「人間の安全保障」という概念が登場したことも人権の主流化を反映するものといえる。その出所も国連であった。UNDP（国連開発計画）は一九九四年、『人間開発報告書』のなかで人間の安全保障を提唱した。二〇〇三年に出された『人間の安全保障委員会報告書』によれば、人間の安全保障とは、「人間の生にとってかけがえのない中枢部分を守り、すべての人の自由と可能性を実現すること」であると定義する。それは、①紛争、犯罪、テロ、大規模人権侵害などの暴力からの解放を意味する「恐怖からの自由」と、②飢餓や貧困、疾病、環境破壊など構造的な社会的経済的問題からの解放を意味する「欠乏からの自由」からなるとされ、「恐怖からの自由」には保護が、「欠乏からの自由」にはエンパワーメント（能力強化）が必要とされた。

さらに、UNDPは二〇二二年、その後国際社会に発生した新たな脅威やコロナ禍をふまえて特別報告書『人新世《じんしんせい》の脅威と人間の安全保障』を出したが、そのなかで人間の安全保障の柱としてあらたに「連帯」を加えた。一方で、二〇一五年九月、国連は、MDGsに続く二〇三〇年までに国際社会が達成すべき新たな目標としてSDGs（持続可能な開発目標）を全会一致で採択したが、その根底にある「誰一人取り残さない（leave no one behind）」は、人間の安全保障の理念を示したものでもあるといえる。SDGsは先進国、途上国を問わず、またあらゆるアクターが協力して経済、社会、環境の三つの分野に関する諸課題について包括的に取り組むことを目指しているが、国連には包括的な「平和」を目指す中心軸としての役割を果たせるかどうかがあらためて問われているといえる。

第3章

国連の現場から①——冷戦崩壊後、一九九二〜一九九五年

冷戦の崩壊と国連

「はじめに」でふれた通り、この章から第6章までは、筆者（山本）がニューヨークの国連代表部や関係国の第一線で外交官として得た経験などをもとに話を進めていきたい。

一九九二年四月、外務本省からニューヨークの国連代表部に転勤となった。国際の平和と安全のための最前線である。配属部署は政治部の一等書記官。担当は安全保障理事会（以下安保理）で、とくにアジア・アフリカ地域をフォローすることになった。

この時の国連は、冷戦の崩壊を受け、本来の機能を発揮しつつあった。

冷戦時代、米ソの対立とそれに伴う拒否権の乱発（なんと二七九回発動されたと言われる）により、安保理は国連創設当初期待された責務を十分果たせなかった。しかし、冷戦が崩壊すると米露の関係は急速に改善され、安保理の本来の機能は回復し、その役割は飛躍的に増大

した。

その時期が、日本が七回目に非常任理事国を務めた一九九二年～九三年である。当時の国連事務総長ブトロス・ガリは、平和と安全の維持のため国連が果たすべき役割についてかなり積極的であった。

安保理の会議（非公式を含む）は、一九八八年の年八〇回から九三年には五二四回と急増し、拒否権の行使が激減したので、決議の数も八九年の年二〇本から九三年には九三本と四倍以上となった。安保理の機能の回復は、平和維持活動（ＰＫＯ）の設立数に最も如実に表れている。一九四八年から八七年まで一三個であったが、八九年から九四年までの間に新たに二〇個のＰＫＯが設立されている。

そういう時期に、担当として、安保理の中に飛び込んでいった。

平和への課題

九二年一月、ニューヨークおいて史上初の国連安保理一五カ国による首脳会議が開かれ、日本からは宮澤喜一総理が参加した。その際、安保理はガリ事務総長に対し、予防外交、平和維持そして平和創造を効率化し、能力強化するための分析と提言を求めた。

これを受けて事務総長が同年六月安保理に提出したのが、『平和への課題（An Agenda for

Peace)』である。今読み返してみても、当時冷戦のくびきから解き放たれた国連が、その本来の任務を遂行しようという意気込みに満ちていた様子が生き生きと伝わってくる。

同時に、新しい課題や脅威が出てきていることも十分認識している。当時のボスニアやソマリアが念頭にあったのであろう。ナショナリズムや主権への主張が増大する一方、野蛮な民族・宗教・社会・文化・言語的な紛争により国家の一体性が脅かされていることも明記している。

ガリ事務総長は、このような複雑な事態に対して、時には強制力も辞さない思い切った提案もしている。いくつか簡潔に紹介してみよう。

予防外交（preventive diplomacy）とは、紛争が実際に起こる前にその芽を摘み取る外交のことであり、国連事務総長の役割が重視されている。

平和創造（peace making）とは、ひとたび紛争が起こったとして、それを拡大させないよう、紛争当事者を停戦などの合意に導く努力である。これについても国連事務総長やいろいろな地域機構の役割が強調されている。紛争の平和的解決を定めた国連憲章第六章の適用を訴えているが、ガリ事務総長はそれにとどまらない。強制的手段の適用も辞さないとしているのである。

その象徴的な提案が「平和執行部隊（peace enforcement unit）」である。国連憲章第七章は、平和に対する脅威、平和の破壊または侵略行為に関する非軍事的・軍事的行動を定めているが、これを引用して、強制的に平和を執行していくことを提言したのである。これは後にソマリアＰＫＯを強化する過程で、実際に適用されることになる。

平和維持（peace keeping）はおなじみのＰＫＯである。従来型のＰＫＯミッションは、紛争当事者間でなされた停戦合意等を監視するために展開されてきたが、この頃には、人道物資の安全な輸送や人道要員の警護、国内避難民の保護など新たな任務が加えられていくことになる。

最後に紛争後の平和構築（peace building）である。事務総長は、平和維持まで来てもその後国連が撤退するとまた紛争が起こるのでは意味がないと考えていた。そこで、紛争の根本的な原因に対処するため、制度作りや経済の安定などにも取り組んでいくことが重要であると指摘している。

安全保障理事会とはどういう所

ここで国連安全保障理事会とはどういう所なのか、作業は実際どのように行われているのか。自身の経験をもとに簡単に説明しておこう。

安保理は、国連憲章上、「国際の平和および安全の維持」に関する主要な責任を負っている。この責任にもとづく義務を果たすにあたって、国連加盟国に代わって行動することを求められている重要な機関である。

どのようなことをするのかといえば、国際の平和と安全の維持に関する問題が発生した場合、懸念を表明したり、平和的解決を求めたりする。また、紛争地域に平和維持活動を設立し、要員の派遣を決定したりする。さらに、平和に対する脅威や平和の破壊または侵略行為が存在する場合には、これを決定し、経済制裁などの非軍事的措置をとったり、軍事的措置をとったりすることができる。いわゆる国連憲章第七章にもとづく強制措置である。

このような一連の行動や措置はアクションと呼ばれており、その形式としては、安保理議長声明、決議があるが、一般的に決議の方が重みがあり、議長声明は安保理としてのメッセージを送る際に使われる。懸念の表明や対話への呼び掛けの類である。また、議長声明には文書をもってきちんと採択する公式のものと、安保理メンバーの了解をベースに議長が口頭で報道陣に読み上げる議長声明がある。

問題は安保理メンバーの構成と意思決定方式である。安保理メンバーは当時も今も計一五カ国であり、うち米、英、仏、露、中の五カ国が常任理事国で、拒否権を有している。残り一〇カ国の非常任理事国は二年の任期で、当時（九二年〜九三年）日本は七回目の非常任理事国就任で、国連加盟国中最多であった。ちなみに直近の二〇二三年〜二四年は一二回目の非常任理事国となっている。理事会の決定は、手続き的事項を除き、常任理事国の同意投票を含む九理事国の賛成票によって行われる。

典型的な事案は次のように進んでいく。ある地域で紛争が起こる、あるいは緊張が高まったとする。それを受けて、国連事務総長が報告書を提出する。紛争の経緯や当事者の立場に加え、事務総長としての見解、提言を記したものである。これを基にして、安保理で非公式協議が何回か繰り返され、対応策について意見が収れんされていく。議長または関係国が議長声明案あるいは決議案を提示し、調整がさらに進むと、公式会合の場で、決定が行われる。通常私たちが映像や写真で目にするのは、馬蹄形の公式会合の場で、理事国の代表が賛成の手を挙げている場面である。

決定に至る調整、意見集約の過程で、常任理事国（P5と呼ばれる）が果たす役割は絶大である。彼らは、多くの場合まず彼らだけで集まり、議論やアクションの方向性を決め、そこから他の非常任理事国に働きかけていく。P5の団結の前には日米同盟も霞むことが多かった。さらに、P5の中でも米英仏（P3と呼ばれる）だけで結束を固めることもある。

国連代表部の一日

当時の典型的な代表部の一日を紹介してみよう。安保理の会合はほぼ毎日のように開かれていたが、日本代表部の政治部には他に安保理担当が何人かいるので、必ずしも毎日会合に行くわけではない。自分の案件が安保理で取り上げられる一日は、ざっとこんな風である。

郊外に住んでいたので、毎朝三〇分程度列車に乗ってマンハッタンまで通勤する。東京の殺人的な通勤電車とは違って、ゆったりと席に座ることができる。新聞を読みながらコーヒーを飲んでいる人、ベーグルを食べている人が周りにいる。安保理会合のある日は、事務総長報告などの資料に改めて目を通しながら、今日の会議で大使にどのような発言をしてもらうか、発言要領（トーキング・ポインツ）の案を必死で考え、メモ用紙に書き殴る。

グランドセントラル駅から一〇分ほど歩くと、国連の敷地の直ぐ隣り、四八丁目とファーストアベニューの交差点からイーストリバー寄りの建物に入っている代表部に到着する。部屋に入ると一三時間または一四時間時差がある本省の担当課に直ぐ連絡し、何か指示がないか、訓令の電報がないか確認する。自分が殴り書きしたメモに本省のアイデアや指示があれば、これを反映させ、秘書に頼んでタイプしてもらう。

そして、午前中には、政務公使と一緒に大使の執務室に行って、今日の事案の論点と発言要領（案）を説明するのであるが、もちろんそのまま「これでいい」ということはほとんどなくて、「こんなんじゃ駄目だ」とダメ出しを受けることも結構ある。そうして、発言要領を作りなおして、安保理会合（多くは非公式）に臨む。

会合の時間が近づくと早めに国連内の会議場に行く。英米仏をはじめとする安保理メンバーの同僚と意見交換をし、留意すべき点があれば、後から来る公使や大使に伝えて、場合によっては発言のラインを変えてもらう。小さな部屋で非公式協議が始まると、各国代表の発言の記録を取りつつ、状況に応じて、大使にメモ出しをするのである。

非公式協議は一案件につきだいたい一時間ぐらいで終わる。もめる時は中断をはさんで、再度議論することもあるし、大使級の会議に並行して別途担当者たちに決議案文の作業をさせることもあり、そんな時は大変である。

協議が午後早めに終わる場合は良いが、夜八時頃に終わると、代表部の政治部の部屋にはカギがかかっていて、もう誰もいない。安保理担当者の間では、「他人の不幸は自分の幸福。他人が忙しければ、自分は暇」になるのである。その時は、鍵を開けて、電気を付け、コピー機に電源を入れて、食事もせずに一気に今日の会議の記録を作り、報告電報として出す。そして、本省に連絡して、口頭で今日一日の動きを説明する。アシスタントは誰もいない。

これで終わりではない。翌日また安保理があれば、その会議に必要な事務総長の報告書や資料をざっと読み、要旨を付して本省に送る。場合によっては翌日の会議の対処方針案を作って、電報にし、翌朝までコメントがあれば送るよう依頼する。そうしていると、あっという間に午前様になる。タクシーで帰る日も多かった。

ソマリアへの介入

私が着任したころ、安保理の重要課題として、旧ユーゴスラビアの紛争に加え、ソマリア紛争が急浮上しつつあった。(注1)

ソマリアは、アフリカの角《つの》と呼ばれ、アフリカの北東部に位置している。一九八〇年代終わりころから政府勢力と反政府勢力の紛争が激化し、内戦状態になり始めていた。部族・氏族間の紛争といえるであろうか。反政府勢力内でもアイディード将軍派とモハメド暫定大統領派の内部抗争に発展し、九一年末にはモハメドが国連にPKOの派遣を要請していた。その後、九二年三月に、両者の間で停戦合意が成立し、PKOの派遣が一気に現実味を帯びてきた。国連によるソマリアへの関与を可能にした背景には、アフリカ初の国連事務総長であるブトロス・ガリの熱意と米国の政策変化があったと見てよいであろう。

同年四月、ソマリアに平和維持ミッションを派遣する決議七五一が安保理で採択された。UNOSOMI(九二年七〜一一月)である。これは停戦を監視するという伝統的なPKOであったが、人道援助の警護を任務に含んでいた。

しかし、現場の状況は一向に改善しない。ソマリア全人口の半数が数カ月以内に餓死しかねない状況であったのだ。その悲惨な状況は連日のようにCNNなどで報じられた。これに影響されたのであろうか。任期終了間際のブッシュ政権はそれまでの消極的姿勢を転換し、米軍兵力の提供を申し出た。

そうして、九二年末、国連PKOとは別に、米軍を主力とし、より強制力のある多国籍軍（UNITAF）がソマリアに派遣されることとなった。そして、翌九三年三月の安保理決議八一四をもって多国籍軍は国連の下に引き継がれる。国連憲章第七章の下、強制力を持つUNOSOMⅡが創設されたのである。これは、前述の『平和への課題』で言及した「平和執行部隊」であると言ってもよい。

国連PKOとしてソマリアに展開するパキスタン軍

米軍はそのままソマリアに残り、一部はUNOSOMⅡの下に入った。しかし、アイディード派は国連を益々敵視していく。中立であるべき国連が紛争当事者の片方になってしまったのだ。

九三年六月のことである。国連要員がアイディード派の武器庫の立ち入り検査を行ったところ、武力衝突が発生し、パキスタン兵二四名が死亡し、五六名が負傷するという惨事が発生した。

その直後、国連本部で行われた安保理非公式会議の模様を記憶している。怒りで一杯のパキスタン大使がソマリアの反政府勢力を厳しく批判し、責任を取らせると息巻いている。これに対し、攻撃用のヘリコプターを含め必要な武器の供与を認めるべきとの意見が相次いだ。まもなく、国連憲章第七章の下、パキスタン兵攻撃への責任者に対し、逮捕・処罰を含めすべての措置をとることを認める安保理決議第八三七号が採択された。

それにもかかわらず、事態は悪化の一途をたどる。九三年一〇月、米特殊部隊が襲撃を受け、一八名の米兵が死亡したのである。アメリカ軍兵士の死体が市中を引き回されるなど衝撃的な映像が公開された。クリントン政権は、ソマリアからの完全撤退を表明した。

UNOSOMⅡはその後通常のPKOに戻る。九五年三月までに、国連はソマリアから撤退した。

その頃、オルブライト米国連大使（のちに国務長官）は、「CNN効果」について次のような趣旨を語っている。CNNに代表されるようなメディアが（ソマリアの悲惨な状況を）大きく取り上げると、米国としても介入の姿勢を考えざるを得ない。しかし、メディアの関心がなくなり、映像が映されなくなると、米国の世論も忘れてしまうのである。

ソマリアの事例は、次に述べるルワンダ大虐殺と合わせ、国連による平和と安全の維持活動に対する限界をあからさまにし、その後国連は軌道修正を余儀なくされる。

ルワンダ大虐殺

その頃アフリカではもう一つの危機が迫っていた。東アフリカ内陸部に位置するルワンダである。簡単に歴史を振り返ってみよう。

ルワンダはかつてベルギーの植民地であったが、一九六二年に独立した。それ以前から国内ではフツ族とツチ族の対立が存在しており、独立の際、フツ族が政権を掌握したことから、フツ族の攻勢が始まった。そして、ツチ勢力の一部は隣国のウガンダに難民として避難していた。そこでツチ族難民からなる軍事組織、ルワンダ愛国戦線（RPF）が形成される。

RPFは、九〇年になって、ウガンダよりルワンダに侵攻し、ここにルワンダ紛争が勃発した。その後、九三年八月、ハビャリマナ大統領（フツ族）による停戦命令が出され、ルワンダ政府軍とRPFの間で停戦合意を含むアルーシャ協定が成立した。

この合意を受け、九三年一〇月、安保理は決議八七二号をもって、国連ルワンダ支援団（UNAMIR）を設立する。そのマンデート（任務）は、首都キガリの治安維持、停戦監視などであり、当初の要員数は約二五〇〇名。司令官には、カナダ軍人のロメオ・ダレール少将が任命された。

ところが、九四年四月にルワンダおよび隣国ブルンジの大統領が暗殺される事件が発生した。これが引き金となって、フツ族過激派によるフツ族穏健派およびツチ族への大量虐殺の事態に発展した。この時から、ルワンダ愛国戦線が国内を制圧するまでの約一一〇日の間に、国内で五〇万人から一〇〇万人、人口比にして一〇％から二〇％のルワンダ国民が虐殺されたと言われる。

ダレール司令官は、のちにこの間の経験を手記にまとめている。既に九四年一月の段階で不穏な動きを把握しており、逐次状況は国連本部に報告されていたが、本部が動かない。旧宗主国のベルギーは部隊をＰＫＯに派遣して治安の維持に貢献するが、大統領暗殺の直後、自国の軍事要員一〇名が殺害されると、国連支援団から要員を引き上げてしまう。大量虐殺が始まっている中、ダレール司令官は、増員を要請するが、なんと安保理は逆に要員の規模を二七〇名まで削減する決議九一二を採択してしまうのである。

当時国連代表部にいて強く感じたことは、前述の通り、国連は既に九三年後半の段階で、ソマリアで痛い目にあい、事実上ソマリアから手を引き始めていた。あつものに懲りてなますを吹くではないが、米国をはじめとする安保理主要国は、リスクのある要員派遣・増員にきわめて消極的になっていた。そして、そのことは国連事務局も十分理解していた。加盟国の支援なくして、国連事務局は動きが取れないのである。

もっとも九四年五月になって、安保理は決議九一八を採択し、約五五〇〇名の軍事要員派遣を求めたが、応じる加盟国は少なかった。虐殺の終結は、愛国戦線が全土を制圧し、カガメ司令官が同年七月、戦争終結宣言を行うまで待たなくてはならなかった。

自衛隊派遣

ツチ族の愛国戦線がルワンダを掌握したことから、フツ族の多くが迫害や報復を恐れ、周辺国に逃げ出した。大量の難民が流出したのである。国境を超えた隣国の様々なところに難民キャンプが発生するが、環境は劣悪である。コレラ、赤痢といった疫病が蔓延した。水も食料も不足している。そんな難民避難地域の一つが、ザイール（現コンゴ民主共和国）のゴマであった。

緒方貞子難民高等弁務官が陣頭指揮でこの難民問題に対応する。多くの国が軍事要員等を派遣し、人道支援活動を支援し始める。難民高等弁務官事務所からは、日本政府にも要員派遣の要請がなされた。

ただ、日本にとって最大の課題は現地が安全かどうかということである。情報がなかなか取れない。私たちは国連事務局と連絡を取り、できるだけ現地の情報を東京に伝えるよう努力した。

そうして、日本政府は、国際平和協力法にもとづき、初めてとなる「人道的な国際救援活動」に協力することとなった。医療、防疫、給水、空輸などの分野で救援活動を行うため、九四年九月から一二月まで、ゴマなどに自衛隊の部隊を派遣したのである。陸上自衛隊から二九〇名、航空自衛隊から一八〇名の要員が参加した。なお、現地の治安情勢が不透明であったため、機関銃を含む武器の所持が認められた。

モザンビークPKOへ

日本では一九九二年「国際平和協力法」が成立し、同年九月よりカンボジアに対し、わが国として初めてとなるPKO（UNTAC）への自衛隊派遣がなされていた。南部のタケオに約六〇〇名の施設部隊が内戦後疲弊したカンボジア国内の道路や橋づくりに従事していた。しかし、自衛隊の派遣は九三年九月までであり、その後のPKOへの参加をどうするか、政府部内で内々課題となっていた。

当時ニューヨークでも世界でも注目を浴びていたソマリアはとても危険で日本の要員を送れるような状況ではない。そこで九二年一二月に安保理決議で設立された「国連モザンビーク活動（ONUMOZ）」がその候補として浮上したのである。

モザンビークでは、一九八〇年代、政府軍とモザンビーク民族抵抗運動との間で内戦が続

モザンビークPKOの輸送調整業務に従事する自衛隊員

いていたが、九二年一〇月になって両者の間で包括和平合意が成立し、停戦が実現した。これを受け、国連のＰＫＯが設立される。そのマンデートは、停戦の監視・検証、各勢力の武装解除・動員解除の実施、復員支援、治安維持、選挙の監視等実施支援である。伝統的なＰＫＯの任務と言ってよい。

　本省と内々連絡を取りつつ、非公式ではあるが、ＵＮＴＡＣ後の候補につき国連事務局に打診を始めた。相手はＰＫＯ局の担当マーティン少佐である。確かバングラディッシュ出身の軍人であったと思う。

　わが国はＰＫＯへの参加という面ではまだまだ初心者である。決して事故があってはいけないし、そもそも参加五原則（紛争当事者間で停戦合意が成立しているなど）を満たしている必要がある。そういうことをふまえ、危険とリスクが極力少ない手ごろなＰＫＯはないだろうか、とマーティン少佐に相談した。

　しばらくして、彼からモザンビークはどうであろうか、と示唆があった。停戦合意を受け、同国の状況は比較的安定しているし、五〇名程度の規模の輸送調整中隊が今のところ空いている、つまり、他の加盟国から参加への関心表明がまだなされていないということである。

ここで一般論であるが、ＰＫＯに限らずたとえば援助の分野でも、広報への露出度が高く、効果的で成功の可能性の高いミッション・部隊やプロジェクトから各国の参加が埋まっていく。つまり、各国とも「美味しい」分野にまずは手を挙げて自国の参加を確保していくのである。おちおちしていると、残りもの、つまりリスクが高く効果の低い分野を押し付けられることになりかねない。

早速事務局からのこの示唆を外務本省につなぎ、あわせてモザンビークの治安等に関する情報を逐次報告した。ニューヨークにも本国から出張者がやってきて関係者と意見交換を行う。そして、九三年四月の現地調査団派遣、国連事務総長からの正式要請を受けて、同月ＯＮＵＭＯＺへの自衛隊派遣が閣議決定される。

翌五月から九五年一月まで、輸送調整部隊と司令部要員計五〇名あまりの自衛隊員がモザンビークに派遣された。これがアフリカへの初めてのＰＫＯ自衛隊派遣となったのである。

第6委員会とは

一九九二年から九四年にかけて、国連代表部政治部における私のもう一つの担当は第6委員会であった。

この機会に国連全体の機構と任務について簡単に説明しておこう。それは国連憲章に明記されている。国連の主要機関は、総会、安全保障理事会、経済社会理事会、国際司法裁判所、国連事務局などである。

総会は、本会議と六つの委員会からなる。各委員会は次のとおりである。第1委員会（軍縮・国際安全保障問題）、第2委員会（経済成長と開発）、第3委員会（社会開発や人権問題）、第4委員会（特別政治問題および非植民地化）、第5委員会（国連の行財政）、第6委員会（国際法規の整備や国際法の法典化）。

つまり、第6委員会は、いわゆるルールメーキングにおいて重要な役割を果たしている。実績を見ると、同委員会の審議を経て法典化された国際法として、古くは「外交に関するウィーン条約」、「条約法に関するウィーン条約」などがあり、最近では後述する「国連要員の安全条約」や国際刑事裁判所設立の基礎となる「ローマ規程」も第6委員会で審議された。

今もそうであると思うが、当時も第6委員会には各加盟国より法律顧問をはじめとして第一級の法律専門家が派遣されていた。後に国際司法裁判所判事や国際刑事裁判所の判事、あるいは国内の裁判官や著名な法科大学院の教授になった人たちもいる。安保理の常任理事国では、第6委員会を担当する専門家が代表部の法律顧問として安保理の審議の際には必ず同席していたものである。

参考までに、これは第6委員会に限らないことであるが、国連総会の流れを簡単に紹介しておきたい。総会は毎年九月第三週の火曜日に新しい会期が始まる。その直後、各加盟国より元首や首相などが参加して一般討論が始まる。日本からも場合によって総理、最低限外務大臣が参加して総会議場でスピーチをする。

九月末ないし一〇月より各委員会の討論が始まり、一一月頃になると各委員会で決議案が採択される。ちなみに直近の第七八回総会（二〇二三～二四年）では計三三一の決議が採択されている。これらの決議は多くの場合一二月までに本会議で採択され、作業はおおむねクリスマスまでに終了する。一月以降も必要に応じて総会の審議は行われるが、各種ハイレベル会議、アドホック委員会、ワーキンググループなども行われる。

「国連要員安全条約」の制定へ

冷戦の終結に伴いＰＫＯミッションの数が増えるにつれ、要員の死傷者が急激に増加し、その安全確保が大きな課題となっていた。九一年までは、年間の死者数は概《おおむ》ね一〇名台から三〇名台の間を推移していたが、九二年になると五九名となり、九三年には何と二五二名に急増したのである。

ガリ事務総長も『平和への課題』において「要員の安全」について一章を割き、安保理に対し、危険にさらされた要員のためいかなる行動をとるべきか真剣に検討することを勧告している。

そして、第6委員会でも審議が行われ、九三年一二月、要員の安全に関する国際条約を作成するため、アドホック委員会の設置が決定された。同委員会は、翌九四年三月から八月まで審議が行われ、さらに一〇月には案文の詰めを行うためのワーキンググループが開催された。

この委員会においては、これら要員に対する犯罪を行った者の処罰を確保するための法的枠組みを整備するため、既存の条約（人質行為防止条約および国家代表等保護条約等）をモデルとして検討が行われた。

その間浮上した論点の一つは、条約で保護されるべき対象を国連ＰＫＯの要員に限定するのか、あるいはＰＫＯの下でなくても危険な地域で活動している人道支援要員も対象に含めるのかという点であった。実際、国連難民高等弁務官事務所、ユニセフ、国際赤十字といった人道支援機関の要員は同様に危険な環境で任務に従事し、死傷者も少なくなかったのである。

この点に関し、緒方難民高等弁務官は人道支援要員も対象に含めるべきであるとの強い意見を持っており、私たちにも何度か直接訴えたことがあった。そのような趣旨をアドホック委員会等で主張したこともあったが、加盟国の一部には対象者を限定したいという強い意見があり、対象者を拡大すると条約案のコンセンサス採択が難しくなる状況にあった。

個人的には残念であったが、委員会の大勢に従わざるを得なかった。そして、九四年一二月、第6委員会の決議を受け、総会において「国連要員の安全に関する条約」が全会一致で採択された。日本政府は九五年六月に署名し、二番目の締約国となったのである。この条約のポイントは、国連要員への殺人、誘拐などを犯罪と定め、締約国に処罰を義務づけるというものである。なお、この条約の対象はPKO要員だけであるが、人道支援要員もカバーする選択議定書が二〇〇五年に採択されている。

ローマ規程から国際刑事裁判所の創設

国連の安全保障理事会をフォローしていて不思議に思ったことがある。

既に触れたソマリアと併せ当時国際社会の最大の関心事となっていたのは、旧ユーゴスラビア情勢であった。冷戦時代チトーの下で統一されていたバルカン半島のユーゴスラビアは、冷戦の終結とともに崩壊。次々と独立国家が誕生し、民族紛争の様相を呈していた。安保理も連日のように旧ユーゴ情勢について審議を行っていた。

「民族浄化」という言葉が横行していたのもこの頃である。同じ地域に一緒に住んできたある民族が別の民族を排斥し、ひどい場合は集団殺害する。民族共存のタガが外れたのである。

　このような状況に対処するため、安保理は九二年二月の段階でＰＫＯ（国際連合保護軍）を設立していたが、人道危機は収まらない。そこで、九三年五月、安保理は決議第八二七号をもって、旧ユーゴスラビア国際刑事裁判所の設立を決定したのである。九一年以来旧ユーゴスラビアで集団殺害、戦争犯罪、人道に対する罪を犯した人々を訴追する法廷である。

　国際刑事裁判といえば、私たちは東京裁判やニュルンベルク裁判を思い浮かべるが、第二次大戦後、これら二つの国際軍事裁判所以来、初めての国際刑事裁判所が安保理により設立された。

　国際司法裁判所（ＩＣＪ）は既に設立されて久しい。これにならんで国際刑事裁判所を作るとすれば、本来は時間をかけて設立協定を準備し、締約国が管轄権を受諾して初めて国際裁判所が設置され、機能するのが筋であろう。

　ところが、安保理一五カ国の審議でいとも簡単に国際刑事裁判所が設置された。しかも、国連憲章第七章を引用しているので、すべての国連加盟国に対し法的拘束力があり、強制力がある。

　同じような国際刑事裁判所は、ルワンダについても九四年一一月安保理決議によって設立された。既に触れたが、その時起こった大虐殺を受け、九四年中にルワンダにおいて犯した集団殺害やその他人道法の重大な侵害に責任を有する人々や近隣の国々でそうした侵害を行ったルワンダ人を訴追するというものである。

ジェノサイドなど重大な罪を犯した者を処罰することは大切である。しかし、このような強制力を有する国際裁判所が今後とも安保理の決定で簡単に設立されてしまうことについては、個人的にやや戸惑いもあった。

ところが実際は並行して、国際刑事裁判所（ＩＣＣ）を設立する動きが始まっていた。一九九二年、総会（第６委員会）は国際法委員会（ＩＬＣ）に対し、優先事項として国際刑事裁判所規程の草案を作成するよう要請したのである。

国際法委員会とは、国際法の漸進的発展および法典化を目的として、一九四七年総会により設立された。三四名の委員は国際法に有能な名のある人物として個人の資格で選挙により選ばれる。これまで国連海洋法条約など重要な国際法の草案を作成してきた。つまり専門家の集団である。

九三年から第６委員会ではＩＬＣより報告を受け、随時審議をして決議も採択している。日本政府代表部としても審議に参加し、節目節目で意見も付して本国に報告した。

そして、九四年になると、ＩＬＣが裁判所規程の草案を完成させ総会に送付。総会は草案から生じるおもな実質的、行政的問題をレビューするためアドホック委員会の設置を決定した。

その後一九九八年、ローマ外交会議でＩＣＣの規程が採択され、二〇〇二年七月に発効となった。

こうして歴史的な国際刑事裁判所はオランダのハーグに設置された。国際社会にとって最も深刻な罪、すなわち集団殺害犯罪、人道に対する罪、戦争犯罪、侵略罪を犯した個人を国際法にもとづき訴追し、処罰するための常設の国際刑事法廷である。二〇〇六年九月に初公判が行われ、これまで判決が下された終結事件は一四件となっている。

日本は二〇〇七年一〇月に締約国となった。それ以来日本からは、齋賀富美子判事（任期二〇〇七〜〇九年）、尾﨑久仁子判事（任期二〇〇九〜一八年）、赤根智子判事（任期二〇一八〜二七年）を輩出している。いずれもかつて一緒に仕事をした職場の先輩あるいは知人であり、ローマ規程草案の初期の段階で審議にかかわった者として感無量である。

（注1）いわゆる第一次北朝鮮核危機については、第5章に記述。また、山本栄二『北朝鮮外交回顧録』（二〇二二）の第3章に詳しい。

第4章

国連の現場から②——9・11後、二〇〇一〜二〇〇三年

9・11に遭遇

二〇〇一年七月末、私は赴任先のカンボジアからニューヨークに着任した。一九九五年以来、二度目の国連代表勤務である。郊外のウェストチェスターに住居を探すべく、ホワイトプレーンズのホテルに仮の居を構え、そこからマンハッタンの事務所に通勤していた。

その日のことは昨日のことのように鮮明に覚えている。

いつものようにメトロノースの列車に乗って、朝九時過ぎ、マンハッタンのグランドセントラル駅に到着した。歴史的な駅ビルから通りに出ようとした時である。けたたましいサイレンを鳴らしながら、消防車やパトカーが何台も南の方に向かっていく。その様子を多くの歩行者が不安そうに見守っている。何やら大きな事故・事件がマンハッタンの南の方で起こっているのであろうか。

そう思って国連代表部のあるアッパーイーストの区域へと急ぐ。日本政府の代表部は国連本部のすぐ北どなり、イーストリバー沿いの建物の二階にあった。オフィスに入るなり、同僚が皆テレビの前に釘付けになっている。ハイジャックされた二機目の飛行機がワールドトレードセンターの南棟に突入した映像が繰り返し報じられていた。皆言葉もない。とにかく大変な事態になった。

まもなく上司より緊急の連絡が入る。「全員一刻も早くこの建物を出て退避しろ！」

しかし、行くところがない。車もなく、公共交通手段が全面ストップしているので、郊外のホテルに戻ることもできない。家族に連絡を取ろうとしても携帯は混乱していて全く通じない。後で知ったことであるが、事務所のすぐ隣にある国連本部自体が次のテロ攻撃の標的となる可能性があったのだ。

仲の良い藤井新参事官の自宅にとりあえずかくまってもらう。代表部からしばらく南の方に歩いたところにあるマンションである。部屋に入ってホッとする間もなく、ワールドトレードセンタービルが噴煙をたてて崩壊するのを目の当たりにする。

家族は郊外にいるので、大丈夫だとは思うが、心配でならない。昼過ぎにメトロノースの列車が動きだしたという情報が入り、とにかくグランドセントラル駅に向かうことにした。しばらく待機して、ホワイトプレーンズ方面行の列車に乗り込むことができた。

車内ではいつもと全く違う光景が広がっていた。上着もネクタイもなく、泥やほこりにまみれたワイシャツ姿の人たちが何人も乗っている。普段は決して見知らぬ人同士話をしない彼ら彼女たちが、手あたり次第周りにいる人たちと興奮の面持ちで、自分が今さっきまで潜り抜けてきた惨事を語り合っているのだ。

私は、これからきっと何か恐ろしいことが起こる気がした。と同時に、危機に強く団結すると聞いていたアメリカ人の姿がそこにあった。

翌々日の一三日から私を含む幾人かの国連代表部員は、危機対応の中心となっている日本総領事館を支援するため、そのオフィスに寝泊まりすることになる。邦人の安否確認がまずは最重要課題である。飛行機が突入したワールドトレードセンターには日本の銀行の支店など邦人が勤務するオフィスも入っている。同僚の職員は、邦人の負傷者が収容されていないかマンハッタン内の病院という病院を訪ねて回った。

二四日には小泉総理がニューヨークを訪問し、当時行方不明となっていた方々の家族とも面談している。私たち代表部員の支援は九月下旬本省から領事部の職員が応援でニューヨークに入るまで続いた。

結局この9・11テロ事件では日本人二四名を含む二九九七人が死亡するという大惨事となった。

これは後日関係者から直接聞いたことである。富士銀行の支店オフィスはワールドトレードセンター南棟の八〇階あたりにあった。第一機目が隣の北棟に突入した後、全館放送があり、皆が退避すべく地上階まで降りて行った。しかし、その後なにやら混乱を招く館内放送があったようで、これを聞いて、一部の職員がまたオフィスに戻ってしまった。その直後に第二機目がちょうど八〇階あたりに突入し、結局同銀行の職員一二名が亡くなったのである。

大島賢三事務次長の奮闘

米国は自国・自国民への攻撃を絶対に許さない。テロとの戦いが始まった。9・11を引き起こしたのはアルカイーダという組織であり、これをかくまっているのがアフガニスタンのタリバン政権であることが明らかになるや、米国は一〇月に入ってアフガンへの攻撃を開始した。

これを受け、国連で大きな課題となったのが、戦火の中を逃げ惑う女性・子供を含めたアフガン市民、そして周辺国への人道支援であった。そして、まさに国連においてこの人道支援を調整する国連人道問題調整事務所（ＯＣＨＡ）の責任者が外務省出身の大島賢三事務次長であった。日本代表部の担当は私をはじめとする社会部の面々である。

大島次長は外務省で技術協力課長、政策課長、経済協力局長を歴任した援助のプロであり、まさにうってつけのポストである。かつての私の上司でもあり、毎日のように電話がかかってくる。社会部同僚の森川徹書記官に至っては毎日のようにＯＣＨＡ事務所に行って要件を伺ってくる。国連の同僚たちには、「ファイヤーボールとなって仕事をしろ」と叱咤し、私たちにも日本が諸外国に後れを取ることなく人道支援に邁進するようはっぱをかける。情熱と行動の人であった。

大島次長によると、アフガンの冬は一一月中旬ごろから始まるが、それまでに十分な食料を届けることが最重要課題であった。計算すると一カ月に六万トンの食糧を届ける必要がある。周辺国から一万三～四〇〇〇トン持ち込んでいるが、このペースでは不足する。とくに大都市から地方にどうやって食料を届けるかが問題である。資金的にもギャップがあり、冬が到来するまでこれをどう埋めるか。

大島次長は冬が到来するまでの間、周辺国五カ国を訪問していた。その結果もふまえて、ウズベキスタンが物資のルートとなる。ドイツなどは既に同国経由でどんどん人道物資を運んでいる。日本もいろいろと考えてほしいと要請を受けた。このような要望は逐一本省の相星孝一人道支援室長に伝え、彼は最大限の努力をしてくれた。

国連は五億八四〇〇万ドルの支援を世界に要請していたが、これを受け日本政府は一〇月初めの時点でこの約二割にあたる最大一億二〇〇〇万ドルまでの支援を行う用意がある旨表明した。そして具体的には、まず国連難民高等弁務官事務所に六〇〇万ドル支援し、また、テント・毛布などの物資を自衛隊輸送機によりパキスタンまで輸送した。さらにパキスタンでアフガン難民支援を行うわが国のＮＧＯへの支援も実施した。パキスタンなど周辺国への支援も惜しまなかったのである。

このような国際的な支援を背景に、現場では国連援助機関のスタッフ、国際赤十字、ＮＧＯの大車輪の努力で何とか冬の大惨事を回避することができた。大島次長は後日、ヒーローはアフガン人の現地職員であったと語っている。

人間の安全保障と人道的介入

二〇〇一年当時、緒方貞子難民高等弁務官がアマルティア・セン教授とともに熱心に取り組んでいた概念が「人間の安全保障」である。緒方氏は時々代表部に来ては、その重要性を強調していた。従来の安全保障が国家を中心に据えているのに対し、この新しい概念は、人間を中心に置く。

もともとは国連開発計画（ＵＮＤＰ）が一九九四年版『人間開発報告書』で取り上げた概念であるが、森喜朗総理の発案を受け、二〇〇一年コフィー・アナン事務総長が緒方・セン両名を共同議長とする「人間の安全保障委員会」の創設を発表したことから、その理論的枠組みが強化された。

緒方高等弁務官は、一人の人間の「保護（プロテクション）」と「能力強化（エンパワーメント）」が重要だと常々指摘してくれた。たとえば、アフリカの一人の女性を紛争の暴力や飢餓そして感染症などから保護する。そして、教育を通じてその一人の能力を高めていくことが大事であると。

その後二〇一二年、国連総会において、人間の安全保障に関する決議が採択され、「加盟国が人々の生存、生計および尊厳に対する広範かつ分野横断的な課題を特定し対処することを補助するアプローチである」として、人間の安全保障の概念に関する共通理解が確立された。また、人間の安全保障の考え方は、「人間中心」「誰一人取り残さない」という包摂性の観点でＳＤＧｓにも反映されている。一方で、小渕恵三総理の発案で、一九九九年国連に「人間の安全保障基金」が設置されている。

このように「人間の安全保障」の考え方は日本が中心となって進めてきたものといえるが、これと関連してカナダが強調してきた概念が「人道的介入」である。カナダ政府は一九九五年の時点で既に「人間の安全保障」をその外交政策の一つとして掲げていたが、二〇〇〇年頃になって、武力紛争下における人間の保護に重点を置き始める。その背景には、ソマリアやルワンダの悲劇があったことは言うまでもない。

そして、二〇〇〇年には「介入と国家主権に関する独立委員会」を設置し、最終報告書「保護する責任」を取りまとめる。そこでは、主権国家が自国民を保護する意思を持たない、もしくは、保護することができない場合は、その責任は、広く国際社会が負わなければならない、として一定の要件の下、武力による介入を認めるのである。

このような考え方に対し、アフリカを含むG77や中国は内政不干渉を重視する立場から拒絶感が強いのは事実である。しかし、ルワンダの大虐殺のような人道的な危機が発生した場合には、安保理決議の採択などを前提に、国際社会が人道的に介入することは認められてしかるべきであろう。

イラク侵攻に備える

二〇〇二年の秋になると、次の標的はサダム・フセインのいるイラクであるとブッシュ政権の幹部が公然と述べるようになる。もう一つの戦争に向けたドラムの音が響いてきた。国連の人道支援関係者としても武力攻撃が実際起こった場合に備え、内々に準備を始めた。

一二月に入って、大島次長から次のような連絡があった。

来週、ルイーズ・フレシェット副事務総長をヘッドとするイラク運営グループの会合が事務局内部で開かれ、そこで戦争になった場合の緊急時対応計画が議論される予定である。武力攻撃が短期に終了する軽度、中程度、市街戦・内戦にまで発展し数カ月続く重度のシナリオに分けて考えないといけない。重度となると、国内避難民や難民が相当程度発生するであろう。

当時すでにイラクは国連の制裁下にあり、産出される石油収入を国連が管理しこれを食料に換えて国民に支給する石油・食料交換（oil for food）プログラムが存在していたが、軽度のシナリオであればこのプログラムを活用すれば対応可能であろう。しかし、中程度、重度となると、日本も含め加盟国に資金援助をお願いせざるを得ない。

また、国連職員のイラク退避も考えなくてはいけない。当時イラク国内には石油・食料交換計画の関係で一〇〇〇人、そして三〇〇〇人以上のイラク人職員がいたが、彼らをどのタイミングでどこに避難させるかという問題がある。

難民高等弁務官事務所は六〇万人の難民が周辺国に流入すると仮定しているし、世界食糧計画は四九〇万ドルのアピールを出したりして、各支援機関は各々勝手に動きだしているが、来週には援助国（ドナー）を集めて説明するつもりである。国連には「人道援助回転資金」があり、初期の段階あるいは軽度のシナリオではこれを活用できる。しかし、実際に武力侵攻が起こった場合には、国連として支援を求めるアピールを出すので、その際には是非協力してほしい、と大島次長から私たちに要請があった。

しかし、実際は多くの国が事前の資金提供には消極的であった。イラクへの軍事介入に対しては、その正当性につき国際社会であまり理解が得られていなかったのである。イラクによる大量破壊兵器開発の疑惑はあったものの、決定的な証拠（スモーキング・ガン）がなかった。したがって、英米が武力行使の前に求めた国連安保理決議も支持が得られず、両国は結局決議採択をあきらめざるを得なかった。

そして、二〇〇三年三月二〇日、ペルシャ湾に停泊する米艦船から巡航ミサイルが次々とイラクに向かって発射され、「イラクの自由作戦」が開始された。四月九日にはバクダッドが事実上陥落し、ブッシュ大統領は五月一日、イラクでの主要戦闘が終了したことを宣言した。

このように幸い戦闘行為は短期間で終わり、国連事務局が心配した人道的な危機は起こらずに済んだのである。

しかし、その後悲劇が襲い掛かる。八月一九日、国連代表部の執務室にいた私の下に衝撃的な情報が入る。バクダッドにある国連現地本部事務所が爆破され、セルジオ・デメロ事務総長特別代表他職員ががれきの下敷きになっているというのだ。すぐさま旧知の国連幹部職員に確認の電話を入れると、「大丈夫、デメロはまだ生きている」という返事があったが、その後まもなくデメロ特別代表他二四名の死亡が確認された。

デメロ氏は大島次長の前任者であり、また、緒方貞子氏とともに長年難民高等弁務官事務所で勤務し、カンボジアＰＫＯ、東ティモールＰＫＯにも貢献した日本になじみの深い立派な国連職員であった。このテロ事件を受け、国連職員はイラクからの全面撤退を余儀なくされた。

さらに一一月二九日、イラク国内で復興支援に奔走していた奥克彦・井ノ上正盛両外交官が何者かに銃撃され死亡した。奥克彦氏は、一九八〇年代外務省経済協力局政策課で私の後任であり、また、その後国連政策課長などを務め、たびたびお世話になった。常に情熱と行動の外交官であった。

その後日本政府は、二〇〇三年一二月より自衛隊をイラクに派遣するなど、イラクの復興支援に尽力するのである。

国連と人権

既に少し触れたが、二〇〇一年からの二度目の国連代表部勤務で私は社会部の責任者となった。担当は、人権・人道・社会問題である。そこで国連と人権について簡単に説明しておこう。

国連憲章第一条は、人権および基本的自由の尊重を国連の目的の一つとして掲げ、また、一九四八年に世界人権宣言が採択されるなど、国連は設立以来、世界の人権問題への対処、人権の保護・促進に取り組んできている。

人権の保護・促進のためのおもな機関・条約は次のとおりである。

まず国連憲章にもとづく機関として、総会（第3委員会）、安全保障理事会、経済社会理事会、その下部組織として人権委員会（二〇〇六年に人権理事会に取って代わられる）、女性の地位委員会がある。

人権条約として、自由権規約、社会権規約、女性差別撤廃条約、人種差別撤廃条約、子どもの権利条約、拷問等禁止条約、移住労働者権利条約、障害者権利条約、強制失踪条約などがある。各条約には委員会が設置されており、定期的に各締約国の条約履行状況を審査することになっている。おもな委員会には日本から委員が選出されている。

さらに、一九九三年にはジュネーブに国連人権高等弁務官事務所（ＯＨＣＨＲ）が設置されている。人権ＮＧＯも重要なプレーヤーである。中には経済社会理事会の諮問機関としての地位を有するものもある。

人権決議の採択を主導する

前述の通り、総会第3委員会は人権・人道問題などを扱い、当時毎年七〇程度の決議を採択していた。日本は毎年カンボジアの人権決議を起案・主提案し、また、二〇〇二年には森川徹一等書記官が同委員会の副議長に就任するなど、活発に審議に貢献していた。日本国内では、安保理や軍縮決議を主導する第1委員会に焦点が当たりがちであるが、第3委員会での日本の積極的な貢献も強調しておきたい。

日本が国連の決議案を起案する例は少なく、毎年起案していたのは、軍縮決議を除いては恐らくこのカンボジアの決議だけではないだろうか。日本は、ともすれば自分たちの人権を一方的に押し付けようとする欧米諸国とカンボジアとの橋渡し役を務め、バランスの取れた決議案を作成しようと努力している。だから、決議案作成にあたっては、カンボジアの状況を良く調べ、また、カンボジア関係者の意見を聞くことにしている。そのうえで、欧米諸国とも調整して決議案を完成させていくわけである。

この決議作成の重要なベースとなるのが、カンボジアの人権に関し国連事務総長から任命を受けた特別代表である。二〇〇〇年秋からは、オーストリア出身で学者のロイプレヒト氏が特別代表を務めていた。同代表の報告によれば、同氏のカンボジア訪問に際し、カンボジア政府より率直さと協力の精神が示されたということであり、このことは、人権侵害が問題となっている他の国々に比べカンボジア政府がオープンで協力的であることを示している。また、二〇〇二年二月に地方選挙が実施されたことは大きな前進である。

一方で、特別代表はいくつかの問題について懸念を表明した。その最たるものは「法の支配」の欠如である。カンボジアでは「不処罰」が横行しており、罪を犯しても十分処罰されることは少なく、容疑者が逮捕されても捜査の過程で公判に至らず釈放されることが多い。そこには司法関係者（だけではないが）の腐敗・汚職や司法の独立の欠如が関連している。

国連総会で登壇する筆者（山本栄二）

もう一つの大きな問題が、群集によるリンチである。街中で誰かが窃盗したりすると群集が犯人を取り囲み撲殺してしまうことがしばしば見られ、報道される。その際、警察官が近くにいても止めようとしないこともある。国民にとってリンチが正義実現の手段となってしまっているのである。

筑摩書房　新刊案内

●2025. 2

●ご注文・お問合せ
筑摩書房営業部
東京都台東区蔵前 2-5-3
☎03(5687)2680　〒111-8755
https://www.chikumashobo.co.jp/

この広告の定価は 10%税込です。
※発売日・書名・価格など変更になる場合がございます。

さやわか　監修＝アトラス

RPGのつくりかた

――橋野桂と『メタファー：リファンタジオ』

※新刊案内2024年11月号において『RPGのつくりかた』を11月の新刊として掲載いたしましたが、刊行延期により、再掲いたします。

JRPGの世界を牽引する、アトラスのゲームクリエイター橋野桂。最新作『メタファー』ができるまでの軌跡を、7年にわたる取材で明らかにする。貴重資料多数。

81861-4　四六判（2月5日発売）**2640円**

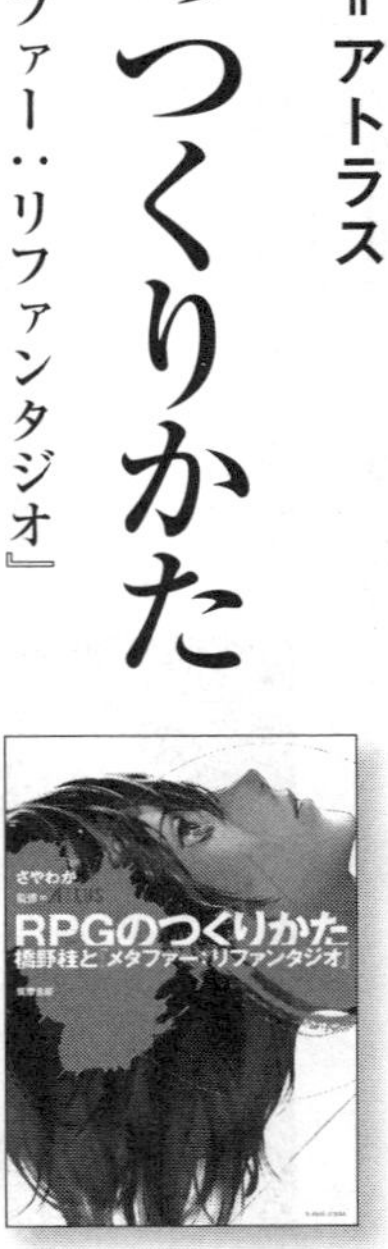

樋口尚文

砂の器　映画の魔性

――監督野村芳太郎と松本清張映画

公開から半世紀を経た今も人気の映画「砂の器」。松本清張原作を大胆に映像化した脚本・監督・音楽家による仕掛けとは？　初公開秘蔵資料をもとに秘密に迫る！

87417-7　四六判（3月上旬発売予定）**予価2750円**

6桁の数字はISBNコードです。頭に978-4-480をつけてご利用下さい。

ロブ・ダイアル　岩下慶一 訳

そんなの無理だと思っている人の LEVEL UP【レベル・アップ】

——神経科学・行動心理学から脳の癖を知り「やれる自分」に生まれ変わる指南書

脳科学・心理学の知見を味方にして、自分を変えよう！　目標達成への筋道の見つけ方、合理的な〈小さな習慣〉の続け方……新しい生き方の実現を丁寧に解説する。

84332-6　四六判（3月1日発売）１９８０円

ロバート・マクファーレン　東辻賢治郎 訳

クライミング・マインド

——山への情熱の歴史

なぜこれほど多くの人が命をかけて山に登るのか？　人びとが山をどのように捉えていたのかをつぶさに見つめるクライマーの精神史。山野井泰史氏、角幡唯介氏推薦。

83730-1　四六判（3月1日発売）予価２９７０円

6桁の数字はISBNコードです。頭に978-4-480をつけてご利用下さい。

好評の既刊
＊印は1月の新刊

毛糸のズボン
直野祥子 ●直野祥子トラウマ少女漫画全集
人間心理をえぐるような異色のサスペンス作品で七〇年代の少年少女にトラウマを植え付けた直野祥子の少女漫画作品を充実の自作解説を付して集成！
44009-9 1100円

新版「読み」の整理学
外山滋比古 「読み」方にスゴいコツあります
43957-4 770円

イルカも泳ぐわい。
加納愛子 岸本佐知子&朝井リョウ推薦！ フワちゃん解説！
43952-9 792円

初夏ものがたり
山尾悠子 酒井駒子 絵 初期のファンタジー、待望の復刊！
43955-0 1100円

平熱のまま、この世界に熱狂したい 増補新版
宮崎智之 退屈な日常は刺激的な場へ変えられる
43963-5 968円

ヘルシンキ 生活の練習
朴沙羅 フィンランドの子育てに、目からうろこ
43969-7 990円

水木しげる厳選集 異
水木しげる ヤマザキマリ 編 愛あふれる編者解説収録！
43968-0 990円

水木しげる厳選集 虚
水木しげる 佐野史郎 編 「我が人生の魂の水先案内人です」
43971-0 990円

ハーレムの熱い日々
吉田ルイ子 人はなぜ差別をするのか？ 名ルポルタージュ復刊
43973-4 990円

女たちのエッセイ ●新編 For Ladies By Ladies
近代ナリコ 編 彼女たちが綴ったその愛すべき人生
43977-2 1100円

ストリートの思想 増補新版
毛利嘉孝 パンクから「素人の乱」まで。オルタナティヴな思想史
43956-7 990円

文庫手帳2025
安野光雅 デザイン あなたの日常が一年後、世界でたった一冊の大切な本になる
43981-9 770円

大江戸綺譚 時代小説傑作選
細谷正充 編 妖しくも切なく美しい、豪華時代ホラー・アンソロジー
木内昇／木下昌輝／杉本苑子／都筑道夫／中島要／皆川博子／宮部みゆき
43980-2 880円

ヤンキーと地元 ●解体屋、風俗経営者、ヤミ業者になった沖縄の若者たち
打越正行 各紙書評絶賛の一冊、待望の増補文庫化！
43984-0 990円

忘れの構造 新版
戸井田道三 哲学エッセイの名著がよみがえる！
43990-1 990円

犬《きみ》がいるから
村井理子 宇宙一かわいい、最高の相棒の話。岸政彦さん推薦！
43989-5 990円

されど魔窟の映画館 ●浅草最後の映写
荒島晃宏 伝説の映画館閉館まで、8年間の奮戦記
43997-0 990円

＊**有吉佐和子ベスト・エッセイ**
有吉佐和子 岡本和宜 編 読み直しが盛んな小説家の厳選エッセイ集！
44006-8 990円

＊**戌井昭人 芥川賞落選小説集**
戌井昭人 文学的コスパ最強（?）作品集
44000-6 1320円

6桁の数字はISBNコードです。頭に978-4-480をつけてご利用下さい。

2月の新刊 ●10日発売 ちくま学芸文庫

人間の本性を考える 上

■心は「空白の石版」か

スティーブン・ピンカー 山下篤子 訳

人間を決めるのは「生まれ」か、それとも「育ち」か。いまだ議論が絶えないこの論争に介入し、世界中で大反響を巻き起こした鬼才ピンカーの代表作。

51281-9 1870円

人間の本性を考える 下

■心は「空白の石版」か

スティーブン・ピンカー 山下篤子 訳

人間がもつとされる「心」とはいかなるものか。この難題に真っ向勝負を挑んだ現代の古典。新版へのあとがきを新たに訳出した決定版。（佐倉統）

51282-6 2090円

海とサルデーニャ

■紀行・イタリアの島

D・H・ロレンス 武藤浩史 訳

一九二一年一月、作家は妻を伴い、シチリアからサルデーニャへと旅立つ。躍動感溢れる筆致で描かれる孤高の島の自然と人々。五官を震わせる名紀行。

51283-3 1540円

日本賭博史

紀田順一郎

双六、丁半、花札、富くじ……いつの時代も賭博は人々を熱中させてきた。数々の賭け事を再現しつつ日本社会を考察したユニークな書。（檜垣立哉）

51287-1 1210円

ロシア中世物語集

中村喜和 編訳

『原初年代記』『イーゴリ軍記』など名高い作品を集成。各作品とロシア中世文学の特質・史的展開についての概説も付した類のない書。（三浦清美）

51288-8 1760円

経済の本質

■自然から学ぶ

ジェイン・ジェイコブズ 香西泰／植木直子 訳

生態学と経済学は同じ問題を扱う〈双子〉だ——。共生・共発展・相互依存など、自然のもつメカニズムから経済問題の本質へと迫る。（平尾昌宏）

51289-5 1540円

6桁の数字はISBNコードです。頭に978-4-480をつけてご利用下さい。
内容紹介の末尾のカッコ内は解説者です。

2月の新刊 ●14日発売

筑摩選書

0297
清沢満之の宗教哲学
東京医療保健大学准教授
山本伸裕

清沢満之という思想家はいかなる論理で宗教をめぐる哲学的思索を展開したか。厳密なテキスト読解によって従来の定説を覆し、真の全体像を呈示する著者渾身の書。

01813-7
1980円

0298
国連入門 ▼理念と現場からみる平和と安全
元外交官
山本栄二／中山雅司
創価大学教授

国連はなぜ戦争を止められず機能不全に陥ったのか。国連日本代表部に勤務した元外交官の経験と、研究者の体系的分析によって国連の実像に迫る、画期的入門書。

01816-8
1870円

好評の既刊 ＊印は1月の新刊

戦場のカント ―加害の自覚と永遠平和
石川求 戦争の罪とその自覚をめぐる哲学的考察
01800-7 1870円

坂本龍馬の映画史
谷川建司 坂本龍馬のイメージの変遷を徹底検証する
01805-2 2200円

「信教の自由」の思想史 ―明治維新から旧統一教会問題まで
小川原正道 宗教法制の動向から読み解く近現代思想史
01804-5 1925円

日本半導体物語 ―パイオニアの証言
牧本次生 「ミスター半導体」が語る内側からの開発史
01806-9 1925円

天皇たちの寺社戦略 ―法隆寺・薬師寺・伊勢神宮にみる三極構造
武澤秀一 伽藍配置に秘められた古代天皇の戦略を探る
01807-6 2310円

アルジャイ石窟 ―モンゴル帝国期 草原の道の仏教寺院
楊海英 草原の仏教寺院とその貴重な文化財を紹介
01808-3 2090円

基軸通貨 ―ドルと円のゆくえを問いなおす
土田陽介 強いドルの歴史と現在の深層を解説する
01809-0 1870円

個性幻想 ―教育的価値の歴史社会学
河野誠哉 学校教育における〈個〉の意識の変遷を探る
01811-3 1925円

都市社会学講義 ―シカゴ学派からモビリティーズ・スタディーズへ
吉原直樹 都市／都市社会学の現在と未来を問う
01810-6 1870円

比較文明学の50人
小倉紀蔵 編著 鋭敏な感覚を持つ日本の五〇人の知を論じる
01814-4 2420円

＊ゴッホ 麦畑の秘密
吉屋敬 画家ならではの視点で画業の真実に光を当てる
01812-0 2200円

＊ほんとうのフロイト ―精神分析の本質を読む
山竹伸二 フロイトの発見した人間性の本質に迫る
01815-1 1925円

6桁の数字はISBNコードです。頭に978-4-480をつけてご利用下さい。
内容紹介の末尾のカッコ内は解説者です。

2月の新刊 ●7日発売

ちくま新書

1840
日本経済の死角
河野龍太郎
BNPパリバ証券（株）経済調査本部長チーフエコノミスト

▼収奪的システムを解き明かす

経済構造のあらゆる謎が氷解する快著！　生産性と実質賃金への誤解をはじめ労働法制、企業統治など7つの「死角」から停滞を分析、「収奪」回避の道筋を示す。

07671-7
1034円

1841
飛脚は何を運んだのか
巻島隆
歴史家

▼江戸街道輸送網

ベストセラー作家の馬琴の原稿と校正ゲラ、あるいは大名や商人の資金や物資、はたまた各地の災害情報の収集など、江戸時代を〝脚〟で下支えした飛脚の全貌。

07668-7
1430円

1842
ゆたかさをどう測るか
山田鋭夫
名古屋大学名誉教授

▼ウェルビーイングの経済学

GDPでは数値化することのできない、人間の「ゆたかな生（ウェルビーイング）」とは何だろうか。経済成長至上主義を問いなおし、来るべき市民社会を構想する。

07670-0
968円

1843
貧困とは何か
志賀信夫
大分大学准教授

▼「健康で文化的な最低限度の生活」という難問

生きてさえいければ貧困ではないのか？　気鋭の貧困理論研究者が、時代ごとに変わる「貧困」概念をめぐる問題点を整理し、かみ合わない議論に一石を投じる。

07669-4
968円

1844
日本の国民皆保険
島崎謙治
国際医療福祉大学教授

国民皆保険は、先人の知恵と苦労の結晶だ。少子高齢化が進み、先行きが不透明な今、複雑な制度の歴史と構造を究明し、日本の医療政策の展望を描く。

07672-4
1210円

6桁の数字はISBNコードです。頭に978-4-480をつけてご利用下さい。

特別代表によれば、政治活動に対する威嚇や圧迫も存在する。野党のサム・ランシー党首は同党の議員や党員が頻繁に迫害を受けていると主張している。

女性や児童の人身売買、劣悪な労働条件なども指摘されているが、これらはカンボジアの絶対的な貧困と大きく関連している。

以上のように見てくると、カンボジアには専ら貧困から生じる腐敗・汚職などの問題が深刻であり、それと関連して公正な司法が機能していないというような問題はあるが、思想・表現・結社の自由や民主主義はそれなりに確保されているといえるのではないだろうか。とくに、周辺国と比較した場合、カンボジアの人権状況は決して悪くはない。

このようなカンボジアの状況を客観的かつ公平に分析し、歓迎すべき点は歓迎し、ただすべきところはただすよう促すバランスの良い決議案を作っていく。その過程ではカンボジア政府とも意見交換していくことは言うまでもない。そのようにして、二〇〇二年秋、カンボジア人権決議案は無事採択された。そして、カンボジアの人権状況の改善に鑑み、二〇〇三年の決議を最後にカンボジアは国別人権決議の対象から晴れて卒業することとなった。(注1)

その他第3委員会では国別人権決議をはじめ加盟国の立場が対立しがちな議題・決議が少なくなく、しばしば決議案が投票に付される。軍縮決議などを除いて、他の委員会ではあまり見慣れない現象である。ミャンマー人権決議もそのような対決決議の一つであったが、日本政府はミャンマー政府やＡＳＥＡＮとも緊密に連携を取りながら、アジアの視点を欧米の外交官にインプットするよう努めた（注2）。

クメール・ルージュ裁判

一九七〇年代後半カンボジア国内で起こった大虐殺は人類史の暗い惨事として決して忘れ去られてはならない。とくにアジアで起こった悲劇は日本人としても無関心ではいられないであろう。

一九七五年全権を掌握したポル・ポト率いるクメール・ルージュは、急進的な共産主義を推し進めるため、カンボジア人を強制的に地方の収容所に移転させたり、前政権の関係者や知識人などを次々と粛清したりした。同政権がベトナムの侵攻により崩壊する七九年までの間に、一五〇万人から二〇〇万人の国民を大虐殺したとされる。この数は当時の人口の約四分の一に相当すると言われている。

実際、二〇〇〇年前後にカンボジアに赴任していた際、会ったほとんどのカンボジア人が親族の誰かを虐殺された経験を有していた。国民一人一人の心に大きなトラウマを残した惨劇だったのだ。この大虐殺の責任者を生きている間に法廷で処罰し、正義がもたらされないと、カンボジア人の心の傷は決して癒えない。国民・国家としても真の和解は実現されない。

クメール・ルージュ裁判法廷（出典：在カンボジア日本大使館）

一九九八年のポル・ポトの死去などをもってクメール・ルージュが完全に崩壊するや、大虐殺の責任者を法廷で裁く動きが出てきた。

一九九七年、カンボジア政府は国連事務総長に対し、ジェノサイドおよび人道に対する罪に責任を有する者を裁くため、国連および国際社会の支援を求める旨の書簡を送付。これを受け、国連は専門家グループを設置し、現地調査などを行った結果、九九年に入って、安保理または総会の下に国際法廷を設置すべきと勧告したのである。

一方カンボジア政府は、国民和解も考慮すべきであるとして、国内裁判の形を主張し、国際基準を満たす裁判を強調する国連との間で交渉が行われた。

この頃、すなわち二〇〇〇年前後、私もプ

ノンペンにいてこの件に関与したが、当時米国が中心となってカンボジア政府と国連との間を取り持ち、法廷の早期設置に向け働きかけを行っていた。

二〇〇〇年一月、カンボジアの閣僚評議会は、突然一方的にクメール・ルージュ裁判設置に関する法案を採択した。この後議会で審議されるということである。これに対し、国連側の実務最高責任者であるハンス・コレル法律顧問（事務次長）は、国際基準を満たしていないとして、受け入れることはできないという反応である。

ここで日本政府としても一歩踏み出した。ちょうど小渕総理のカンボジア訪問がまぢかに迫っていた時期であったので、総理からフン・セン首相に国際基準を満たす内容とするよう国連と調整してほしい旨要請するとともに、国連に対しては柔軟性を発揮してカンボジア側に協力するよう求めることとした。

その後コレル次長が何度かカンボジアを訪問し、政府側と交渉を続ける。起訴の対象をどこまで広げるか、既に恩赦を与えられた元幹部の処遇、国内裁判官と国際裁判官の人数や任命方法などが懸案となっていた。七月の訪問ではとりあえず両者の間で「了解覚書」が成立したようであったが、政府側がこの内容をどこまで法案に反映させるかは定かではなかった。

一方カンボジアに強い関心を有するジョン・ケリー米上院議員も何度かカンボジアを訪問し、審議中の法案が一日も早く成立し、裁判が始まるようソック・アン官房長官やフン・セン首相に働きかけを行った。その結果をコフィー・アナン事務総長に伝えるなど両者の橋渡しの役割を果たしていた。

舞台はニューヨークへ

舞台はニューヨークに移る。私は二〇〇一年夏にカンボジアから国連代表部に異動となっていた。

カンボジア政府と国連との交渉が続いていると思っていたが、二〇〇二年二月、コレル法律顧問が突然記者会見で、クメール・ルージュ法廷設置を巡るカンボジア政府との交渉から国連は手を引くと発表したのである。事前に一切相談もなく、まさに寝耳に水であった。

そのすぐ後であったと思うが、外務省でカンボジアを担当している高橋妙子南東アジア一課長から相談があった。小和田《おわだ》恒《ひさし》顧問（前国連大使）が心配している。同顧問はフン・セン首相、アナン事務総長双方とも懇意にしているので、事実上仲介の労をとるのにやぶさかではないということである。自分としても外務省としても、ここは最大限努力して国連とカンボジア政府を再び交渉の場に戻そうと思うがどうだろうか。そういう相談であった。もちろん異存はない。

この時点から仲介の主役は米国から日本に移った。小和田顧問は何度かカンボジアと国連の間を行き来した。国連ではアナン事務総長やコレル法律顧問と議論し、フン・セン首相は日本の助けを求めている、国際基準を満たす裁判を確保しつつ両者のギャップは埋めることができるはずであるなど、国連側の説得に努めたが、とくにコレル法律顧問のカンボジアに対する不信感は強かった。

そして二〇〇二年八月のことである。アナン事務総長は佐藤行雄国連大使に対し、日本がそこまで言うなら、カンボジア政府と交渉するための安保理か総会のマンデート（委任）が欲しいと突然提案してきた。これに対し高橋課長は、今さらなんだという風に少し憤慨した反応であった。こちらから、でもトライしてみよう、国連代表部として最大限努力してみると答えた。

この時ボールはいよいよ自分に来たと感じた。マンデートの決議を作るなら安保理（当時日本は非常任理事国メンバーではなかった）ではなく、第3委員会であろう。前述の通り幸いこの委員会ではカンボジアの人権決議を毎年採択している。しかもまもなく九月下旬から新しい会期が始まるので、タイミング的にも悪くない。早速、米、仏、豪などの関心国の同僚に集まってもらい、今後の対応を協議した。そこで豪州代表部が手を挙げて自分たちが決議案を起案したいと申し出た。異存はない。日本、仏、米国などの有志国が豪州を支え、決議案の作成・調整が始まった。

しかし、まもなく豪州は主提案国としての立場を放棄する。国連事務局とカンボジア政府の間に立たされる中、カンボジア側が態度を硬化させ問題を蒸し返してきたとしてこれに反発したのであった。これには私たちも本省もあきれてしまった。高橋課長はやや弱気になったのか、この後日本がこの決議案を担ぐのですかと聞いてくる。ここまで来てもう引くことはできなかった。この時点で国連大使は原口幸市大使となっていたが、大使そして関心国とも相談し、日本と仏が共同でこの決議案を豪州から引き継いで担ぐことになった。

いよいよ決議案採択へ

連日のように欧米の関心国、国連事務局、カンボジア代表部をはじめとするアセアン各国の代表部と議論する。原口大使も大使レベルで協力を訴えた。(注3) そして一一月に入り、ぎりぎりのタイミングで決議案の内容が固まった。

おもな内容として、まずは事務総長に対し、特別法廷の設置に関しカンボジア政府と合意すべく遅滞なく交渉を再開することを求める。特別法廷は虐殺等の犯罪に最も責任を有するクメール・ルージュの幹部に対し管轄権を有することを勧告する。管轄権の行使は正義・公正・デュープロセスの国際基準に従って行使することを確保し、また上級審を設けるべきことを強調する。判事・検察官の立場と業務に関し中立性・独立性・信頼性を確保する重要性を強調する。そして、事務総長に対し、決議採択から九〇日以内に総会に報告するよう求めている。

以上を見て明らかなとおり、国際基準を重視する国連事務局の立場を最大限反映し、一方で起訴の対象者を限定し国内裁判をベースとしたいというカンボジア政府の立場にも配慮した決議案となった。国際裁判でも純粋な国内裁判でもなく、いわば混合裁判の形が想定されている。

一一月下旬の決議案採択を目指し多数派工作を本格化する。プノンペンでの働きかけが功を奏し、同月中旬カンボジア政府は支持を約束してくれた。ポル・ポト派の背後にいたと言われる中国に対しても、個別に面談し決議案への協力を訴え、同意を取り付けることができた。

しかし一筋縄ではいかない。ハンス・コレル法律顧問を中心とする国連事務局がなかなか首を縦に振らない。この事務局をカナダ、ドイツ、英国、スイス、アイルランドを含む西側諸国の一部が支持するという構造が明らかになってきた。

彼らの考え方は次のようなものであった。カンボジア政府の強いコミットメントを追求する。つまりできる限り同国がこの決議案の共同提案国になる必要があるというものである。同時に国際基準を強調したより強い決議とする。いわば相矛盾する目標を同時に追求していた。悪い言い方をすれば、この双方をぎりぎりと迫り、日仏カンボジアの責めに帰すやり方で、この決議案採択をつぶそうとしているとも受け取ることができた。

公平に言えば、事務局はカンボジア政府が国連の関与というお墨付きを得て、内実自分たちの都合のいい裁判を実施するのではないかと恐れ、その場合批判を受け傷つくのは国連となることを恐れたのではないだろうか。それほどまでに事務局のカンボジアに対する不信感は根深かったといえよう。

これに対し日本側が追求する目標は、第一にカンボジア政府が支持できる決議案とする。そして、裁判に至るプロセスを続ける。今回決議案の採択をあきらめれば、正義を実現する機会は永久に失われるかもしれない。最後に信頼できかつ国際基準を満たす裁判にするということであった。

原口大使はフランスとともに最後までコレル法律顧問をはじめとする事務局の説得に努めた。この決議案では意味がないと言わんばかりの事務局の反応に大使は語気を強めた。「意味がないとは全く事実に反する。ここに来るまで大変な苦労をした。フン・セン首相もこの決議案を支持してくれている。これが採択されないと大虐殺の責任者を裁き正義を実現する機会が永遠に失われる。採択された決議に従ってやる限りにおいては誰も国連を非難することはない」。

「時間がない。残念だが、もう戻れない。事務局がこの決議に従って交渉し、もしカンボジア側が不合理な反応を示したならばその時はいつもで我々に相談してほしい。」原口大使はそうまで言って事務局の協力を求めた。事務局側は真剣に聞いていたが、協力するとは明言しなかった。

そして第3委員会における決議案表決の日が一一月二〇日に設定された。前日の一九日に原口大使が決議案をイントロデュースする。私は腹を決め、万が一に備えて投票後の大使のスピーチ案として二種類用意した。勝った時の案文と敗戦の際のスピーチ案である。これをもって原口大使に、「やるだけやりました。万が一否決された場合に備えたスピーチ案も用意しています」と説明すると、大使は、「わかった。だが最後まであきらめずに頑張ろう」と言ってくれた。肝の据わったありがたい大使だと目頭が熱くなった。

さて、いよいよ当日である。早めに第3委員会の会場に足を運び、顔見知りの同僚に挨拶をして準備に怠りはないか最終確認する。すると不快な情報が入ってきた。コレル法律顧問の立場を支持する一部欧州諸国がこの決議採択を延期するよう緊急動議を提案するというのである。往生際の悪い、質《たち》の悪い変化球である。

すぐさま仏代表部他同志国の同僚と立ち話で対応ぶりを確認する。もちろんこの動議には反対で徹底する。欧州諸国の中には動揺する代表団も出てきていた。すると仏の同僚が欧州代表団の席を回って一言「否決せよ」と言って回っている。仏語圏のアフリカ代表にも念を押していた。この時ほど仏の外交の力を見せつけられたことはなかった。頼もしいパートナーである。

私たちもボーッとはしていられない。カンボジア大使をはじめとしてアジアの同僚達に動議は否決するよう説いて回った。

いよいよまずは延期を求める動議に対する投票である。電子投票で行われ、各代表団の席の前には、三つのボタンがある。緑が賛成、赤が反対、黄色が棄権である。原口大使が赤のボタンを押す。しばらくして会場の電光掲示板に投票結果が映し出された。結果は賛成一四、反対九〇、棄権五九。「よし！」まずは最初のハードルを越えた。

そしていよいよ日仏が主提案国となる決議案が投票に付された。結果は、賛成一二三、反対〇、棄権三七であった。「勝った！」歴史的な決議（57/228）が採択された瞬間であった。

原口大使は日本政府を代表しておおよそ次のようなスピーチを行った。

「まずは各国の支持に感謝申し上げる。ひとたび採択されたからには今後棄権した国も含め財政面も含め各国の支援をお願いしたい。国連事務局は一〇〇％満足していないかもしれないが、この決議にもとづきカンボジア政府との交渉をお願いしたい。我々としても支えていく。カンボジア政府においても国際基準に則った法廷ができるよう真摯な姿勢で国連と交渉することをお願いしたい」

そしてこの決議は一二月一八日、総会本会議で賛成票をさらに上乗せして採択された。

決議採択直後、原口大使は語っている。「入省以来重要な外交案件を処理するにあたっては有力な国とパートナーを組むことが大切であると先輩から聞かされてきたが、この決議オペレーションを通じてその本当の意味を初めて学んだ」。外交には良きパートナーを選ぶことが肝要である。

この決議に従い、年明けの二〇〇三年一月から国連事務局とカンボジア政府との交渉が再開される。同年三月には両者の間で合意案文が妥結し、五月国連総会でこれを承認する決議が採択された。この合意により特別法廷は二審制となった。また、カンボジア法の解釈・適用に不明確な点がある場合や、国際基準との整合性に問題が生じた場合に、国際的に確立された手続規則がガイダンスとして使用されることとなった。さらに恩赦の範囲は特別法廷が決定することとなったのである。

第一審裁判部はカンボジア人判事三名、国際判事二名で構成されるが、決定は最低四名の判事の賛成が必要である。控訴審裁判部はカンボジア人判事四名、国際判事三名で構成され、決定は最低五名の判事の賛成が必要となっている。カンボジア判事による恣意的な決定を避ける狙いがある。全体として国際基準が十分尊重された法廷になったと思われる。

この特別法廷は二〇〇六年七月に立ち上がった。二〇〇七年一一月までにヌオン・チア元国民議会議長、イエン・サリ元外交担当副首相、キュー・サンパン元国家幹部会議長といった元ＫＲ政権最高幹部を含む被疑者五人が逮捕・勾留され、裁判手続きは本格的に始動した。(注4)日本政府としては、上級審判事として野口元郎検事を派遣するとともに、ＫＲ裁判に最大の拠出を行った。裁判立ち上げ後は、プノンペンでフランスとともに支援国会合の共同議長を務めた。

国連の選挙とは

国連代表部独特の重要な任務の一つに選挙がある。安保理非常任理事国の選挙は良く知られているが、それ以外にも多くの選挙がある。外交の仕事は結果として白黒がはっきりつかないことが多いが、選挙は違う。一票差でも勝ち負けは明確である。勝って当然、負けたらその責任は明確で厳しい現実が待っている。

日本は一九七八年、安保理非常任理事国の席をバングラデシュと争って負けた歴史がある。その後しばらくニューヨークの国連代表部はお通夜のようだったと聞いたことがあるくらいだ。

二〇〇二年国連代表部社会部には三つの選挙が控えていた。女子差別撤廃条約の委員を選ぶ選挙、人権委員会の選挙、そして自由権規約委員会の委員を選ぶ選挙である。さらに代表部全体として取り組むべき国際司法裁判所の判事を選ぶ選挙もあった。

女子差別撤廃委員会とは女子差別撤廃条約の実施に関する進捗状況を検討するため同条約にもとづき設置された機関である。締約国により選ばれた二三人の個人資格の専門家から構成されており、締約国が提出する報告を検討したり、勧告を行ったりする重要な役割が与えられている。

委員は同条約の締約国会合で行われる選挙により選出され、任期は四年で二年毎に委員の半数を改選することになっている。日本は一九八五年にこの条約を批准し、締約国となったが、赤松良子《あかまつりようこ》氏（一九八七年〜九四年）以来ずっと委員を出してきている。

その改選の時期が二〇〇二年八月に迫っていた。候補者は外務省出身の先輩である斎賀富美子氏である。当時の締約国数は一六八。各締約国は候補者の中から一二名を選んで投票する。得票の多い順から一二名までが当選である。二二名が立候補している。

この選挙に限らず選挙となると、代表部および各首都で日本の候補への支持を訴えることから始まる。まずは口頭で支持の約束を取り付ける。そして次の段階として文書（口上書）で確約を取り付けることが大事である。締約国の各首都にある日本大使館には本省より支持を取り付けるよう訓令が行く。そして同時に代表部でも選挙運動に走るのである。女子差別撤廃委員の場合は、ニューヨークで一六八カ国の代表部に働きかけなくてはいけないので、幹部・担当官を総動員して大車輪で運動するのである。

それだけではない。この選挙の場合は、日本という国もさることながら、個人資格の専門家を選ぶわけなので、斎賀候補を売り込まなくてはいけない。斎賀氏は選挙直前にニューヨーク代表部の大使に異動していたが、その前にはしばしばニューヨークに出張してもらい、締約国の代表と直接会ってもらったり、レセプションを開催して斎賀候補を各締約国の代表に紹介したりした。

満票に近い支持約束を取り付けたが、最後まで安心できない。外務省では過去の経験値にもとづく歩留《ぶど》まりというものが伝えられており、たとえ文書で支持の確約を取ったとしても一割か場合によっては二割取りこぼしがあるのが常である。口頭の約束にとどまった場合は歩留まりがもっと低くなる。そこで、たとえ文書で確約を得ていても、最後まで何度も念押しをするのだ。

そして八月二九日投票当日を迎えた。投票する大使の後ろに控えていると近くの席で投票用紙に書き込んでいる某国大使の姿が目に入る。見ようとしたのではない、目に入ってしまったのであるが、なんとその某国は斎賀候補への支持を約束したはずだったにも拘わらず、斎賀候補には投票しなかったのである。終わった後上司に報告すると、まあ時々ある話だ、二枚舌を使って約束の手形を切りまくる国が少なからずあるということだ、という返事が戻ってきた。

開票の結果、斎賀委員は一二五票を獲得しトップ当選を果たした。社会部の面目躍如である。

各人権条約体には同じように委員会があり、中でも自由権規約委員会は日本が重視しており、歴代日本から委員を輩出している。当時委員を務めていた安藤仁介《あんどうにすけ》京都大学教授は二〇〇二年再選の時期を迎えていた。そしてこの選挙についても、前述の女子差別撤廃委員選挙と同様の戦いを進め、安藤委員の再選を確保した。

時期が前後するが、四月には人権委員会（その後廃止され、代わりに人権理事会が設置された）の選挙が実施された。日本は改選の時期に来ていたのである。

この選挙は個人資格の専門家を選出するのではなく、国家を選ぶものである。また、人権委員会は国連の経済社会理事会の補助機関であり、投票権を有する国は経済社会理事会のメンバー五四カ国となる。これもまた重要な委員会であり、日本は過去一貫してメンバーに選ばれてきたので、決して落とすわけにはいかない。

投票権を有する国の数が限定されているので、その点では選挙戦は焦点を絞ることができるが、決して楽な選挙ではない。人権を責める欧米諸国も責められる国（中国など）もこの委員会の席を確保しようと必死になるので、選挙戦はおのずと熾烈になる。

四月二九日の投票直前、日本として文書で確約を取った国は四二、口頭支持は九であり、前回の選挙よりは頑張って選挙運動を展開した。結果は、四四票で中国に次いで二位で再選を果たした。ここで事前に取った支持の確約は文書・口頭を合わせて計五一である。しかし、結果は四四。つまりそれだけ歩留まりがあったということである。

最後に同年一〇月二一日に行われた国際司法裁判所判事の選挙について簡単に触れておきたい。これまで長い間同裁判所の判事を務めてきた小田滋判事の後任として小和田恒外務省顧問（元次官、国連大使）を候補者として立てる選挙であった。日本国として決して落とすわけにはいかない。主管は代表部政治部であるが、全館体制で支援に邁進した。

国際司法裁判所の判事は全員で一五名、三年ごとに五名ずつ改選する。今回は候補者一〇名から五名を選ぶ選挙である。総会と安保理双方で絶対的多数を獲得した候補者が選出される。

選挙運動は既に述べたようなプロセスが基本であるが、相互支持と言って、同じ選挙でお互い支持を約束しあったり、別の選挙の支持を相手に約束してそのかわりにこちらの選挙を支持してもらうクロス支持といった手段を駆使することもあった。

こうして徹底した選挙戦を展開した結果、小和田候補は総会で有効な投票国数一八三の中で一六九票を獲得し、トップ当選を果たした。もちろん安保理でも絶対多数を獲得し、小和田候補以下計五名の判事の選出が確定したのである。

（注1）しかし、その後、野党救国党が二〇一三年の国政選挙および二〇一七年の地方選挙で躍進するや党首のケム・ソカーを国家反逆罪で拘留し、同党を解党に追い込んだり、二〇二二年の地方選挙でキャンドルライト党が善戦するや翌年の総選挙で同党の登録を認めなかったり、政権与党（人民党）による政敵への弾圧が続いており、西側諸国から厳しい批判にさらされている。
（注2）二〇二一年二月のクーデター以降のミャンマーの状況・対応については、第6章で記述。
（注3）原口大使による当時の回顧は、明石康他編著『オーラルヒストリー 日本と国連の50年』の第11章、二九三〜二九九頁を参照。
（注4）二〇二二年九月、クメール・ルージュ政権元幹部であるキュー・サンパン元国家元首の控訴審において、初級審判決（無期禁固刑）を支持する判決が下され、長年にわたる本裁判プロセスが終結した。

第5章
北朝鮮の核・ミサイル開発と国連

日本の終戦と朝鮮の解放

一九四五年八月一五日、天皇の玉音放送が流れ、新しい時代が始まろうとしていた日本。これに対し、それまで三五年間日本の植民地支配下にあった朝鮮では全く別の地殻変動が起ころうとしていた。解放と独立である。

地方では日本敗戦のニュースが直ぐには伝わらず、しばらく平穏な日が続いた後、日本支配からの解放に興奮する青年たちが対日協力者（韓国でいうところの「親日派」）の家を次から次へと棍棒をもって破壊する行為を目にして、初めて新しい時代が来たことを知った人たちもいた（注1）。

時がたつにつれ解放と独立への喜びは全土に広がっていった。闇から光が戻ってきた、すなわち「光復」である。

しかし、朝鮮半島には国際政治の冷徹な現実が影を落としていた。米ソの合意により、北緯三八度線以北にはソ連軍が、以南には米軍が駐屯し、日本軍の武装解除と治安維持を担当していたのである。北側ではソ連軍が植民地時代沿海州でパルチザン活動をしていた金日成《キムイルソン》を前に立て、各地に人民委員会を設立するなどして社会主義体制の基盤を着々と整えていた。これに対し南側では、米国に亡命していた李承晩《イスンマン》博士が帰国し、強烈な反共・保守勢力を糾合しつつあったが、南朝鮮労働党などによる左翼運動も活発で、状況は混沌としていた。

そんななか、一九四五年一二月、朝鮮の将来につき米英ソの外相がモスクワで協議を行い、米英ソ中四カ国による信託統治を五年以内の期間で実施することとし、そのため米ソ合同委員会が朝鮮臨時政府と協議することで合意したのである。しかし、即時独立を期待していた多くの朝鮮の人々はこの信託統治案に反発し、また、朝鮮を代表する人物・団体の選定を巡り意見の一致をみることができず、この合意は頓挫してしまう(注2)。

一方で、国際連合が発足し、その主要な任務の一つである「国際の平和と安全の維持」の観点から、朝鮮問題にも関与し始めた。とは言っても、国連の原加盟国は五一カ国に過ぎず、多くは米国と考え方を一つにする欧米諸国であった。米国の意向が強く働いていたと言っても過言ではない。

米国は一九四七年九月、朝鮮問題を国連総会に付託し、同年一二月、国連朝鮮臨時委員会を設立するとともに、遅くとも一九四八年三月三一日までには選挙を行うことを勧告する決議案が賛成四〇反対〇（棄権六）で採択された。しかし、北側が同委員会関係者の立ち入りを拒否したため、南側だけで選挙を実施せざるを得ず、同年五月に分離選挙が強行され、同年八月大韓民国の独立が宣言された。これに対抗すべく北側も翌九月、朝鮮民主主義人民共和国の設立を宣言し、南北朝鮮の分断が固定化してしまったのである。

そして、一九四八年一二月、米中（中華民国）豪はソ連の反対を押し切って、自由な選挙にもとづく政府として大韓民国政府が合法に成立したことを宣言する総会決議を採択する（賛成四八、反対六、棄権一）。さらにこの決議は占領軍（米ソ）のできるだけ早い撤退を勧告している。

既に冷戦は始まっており、朝鮮半島がその舞台となりつつあった。

冷戦から熱戦へ・民族同士の殺戮

この頃朝鮮半島では既に左右のイデオロギーの対立が激化していた。社会主義を信奉する人たちは三八度線から北に移動し、逆に資本主義を求める人たちは南に移動する。南の韓国では李承晩政権、警察、青年団、右翼団体による左翼への弾圧が激化していた。北側でも逆のことが起こっていたと見て間違いないであろう。

済州島《チェジュ》では、島民が蜂起したのに対し、軍・警察は背景に南朝鮮労働党が組織的に関与しているとして徹底的な弾圧を行い、多くの犠牲者を出す事件が起こった（済州島四・三事件）。同じ民族でもイデオロギーの違いにより対立と悲劇が起こってしまう。李承晩大統領は反共・北進統一を叫び、金日成は虎視眈々と南進を狙っていたのである。

冷戦が本格化する一方で、米国は一九五〇年に入っていわゆるアチソンラインを発表した。当時のアチソン国務長官が米国の防衛線に韓国を含めなかったのである。さらに、残されていた在韓米軍も完全に撤退してしまう。金日成としては、またとないチャンスが到来したと思ったとしても不思議ではない。スターリン、そして中国の了解を取り付け、統一に向け南侵に踏み切った。

一九五〇年六月二五日未明、北朝鮮による全面的南侵が開始された。同日付国連朝鮮委員会から国連事務総長に宛てた電報は第一報を生々しく伝えている。「韓国政府は二五日午前四時ごろ三八度線に沿って北朝鮮軍が攻撃を開始したと伝えている。……最新の攻撃はソウルの北方最短のアクセス道路に沿って起こっている……」（注3）

即日招集された安全保障理事会では、北朝鮮によるこの行動が「平和の破壊」を構成すると決定するとともに、北朝鮮当局に軍を三八度線まで戻すよう呼びかける決議を採択した。二七日には、攻撃を撃退するため必要な支援を韓国に供与するよう加盟国に勧告する決議を採択。さらに七月七日、三つ目の決議として、米国の下の統合司令部に軍事力他の支援を提供するよう勧告するとともに、統合司令部に国連旗の使用を認める決議を採択した。米軍は既に出動しており、この決議は事実を後追いするものであった。

これら安保理の決議がソ連の拒否権にあうことなく採択することができたのは、ソ連の代表が中国の代表権問題に抗議（当時中国を代表していた中華民国ではなく、中華人民共和国が国連の代表権を持つべきとの立場）して、国連を不在にしていたからであった。

また、この米国指揮下の国連軍は、国連憲章第七章が想定した国連軍ではなかった。湾岸戦争をはじめとして国連安保理が権限を与えた多国籍軍とも異なる独特の国連軍といえよう。

現場に話を戻そう。ソウルにいた人々は、三八度線の方から砲声を聞いたり、韓国軍が北方の前線に進軍していくのを見守ったりしていたが、李承晩大統領がソウルは死守する、前線を北側に押し戻すと豪語していたため、多くの人たちがソウルにとどまったままであった。ところが、二八日の朝になると朝鮮人民軍がソウルに入城してきた。一部の市民はこれを歓呼で迎えたという。北朝鮮軍は快進撃を続け、やがては半島南岸の大都市釜山《プサン》に迫る勢いであった。

九月に入ると統合司令官のマッカーサー元帥は、伸びきった敵の側面を衝く、仁川《インチヨン》上陸作戦を敢行し、北朝鮮軍は総崩れとなって撤退を始めた。九月下旬、ソウルは再び韓国の支配下に戻った（九・二八収復）。国連軍がその勢いで北朝鮮軍を中朝国境の鴨緑江《おうりょくこう》近くまで追い詰めたところで、一〇月下旬中国軍が参戦。翌年一月に入るとソウルはまた中国・北朝鮮軍の支配下に戻ってしまった（一・四後退）。

このように前線が南北を行ったり来たりする中で、市民は苦しい避難を続けながらイデオロギーの分断による同じ民族同士の敵対・背信・密告に翻弄されつづけた。(注4)

一九五一年に入ると韓国への侵略の問題が安保理の関与事項から外されることになった。ソ連の代表が戻り拒否権の発動が可能になったため、この問題につき安保理でこれ以上意味ある決定をすることは非現実的だと米国側が判断したからであろうか。一方で、総会や加盟国がまた朝鮮問題に関与し始めた。統一政府の樹立や朝鮮の緊急支援や復興に関する責任を遂行する「朝鮮統一復興国連委員会」を発足させたり、停戦実現への環境づくりに尽力したりした。

関係国による粘り強い交渉の結果、一九五三年七月二七日、板門店《パンムンジョム》で米中北朝鮮の代表により休戦協定が署名された。北朝鮮による侵攻から三年強経った時点であったが、何よりも休戦に反対していたスターリンが死去（同年三月）したことが妥結の大きな要因であると言われている。なお、国連総会は決議により承認をもってこの休戦協定に留意している。

朝鮮問題と国連、そして南北国連同時加盟へ

その後国連総会では、韓国の代表のみが国連に招請される状態が続いた。一九六一年には南北朝鮮を条件付きで同時招請する決議が総会で採択されたが、北朝鮮側が「一つの朝鮮」の立場からこれを拒否している。一方安保理では米国が韓国の国連加盟を総会に勧告しようと何度か決議案を提案したが、すべてソ連に拒否されている。

一九五〇年代から六〇年代にかけては、朝鮮統一復興国連委員会（ＵＮＣＵＲＫ）の解体と外国軍隊（在韓米軍のこと）の撤退を求める決議案（北朝鮮支持派が提案）とＵＮＣＵＲＫと駐韓国国連軍司令部の活動継続を支持する決議案（韓国支持派が提案）が併存していたが、後者が可決される状況が続いていた。

しかし、その間国連加盟国の数が急増し、一九七〇年には発足当初の五一カ国から一二七カ国にまで拡大していた。多くはアジア・アフリカ諸国であり、国連における非同盟諸国の影響力が増大していたのである。このことは北朝鮮にとっては追い風となり、国連における南北朝鮮の陣取り合戦が激化しつつあった。

そういう中、既に役割が減少しつつあったＵＮＣＵＲＫは一九七三年に解体されるに至る。さらに、北朝鮮を支持する諸国が国連軍司令部の解体や外国軍の韓国からの撤退を求める決

議案を提示し、これに反対する韓国支持派の決議案と対立する状況が生じ、一九七四年秋の国連総会ではこの相反する二つの決議案が採決に付されることとなった。結局、韓国支持派案が修正を加えたこともあり可決され、北朝鮮支持派案は否決された。(注5)これをもって国連総会における朝鮮問題を巡る南北対立、北朝鮮の攻勢は峠を越えることとなる。

休戦協定が署名された後、朝鮮半島情勢は比較的安定していたが、時々間欠泉のように北朝鮮による軍事的挑発が起こる。これに対し、平和と安全の維持を主目的とする安保理がどう対応したのか、簡単に見てみよう。

一九六八年一月、朴正熙《パクチヨンヒ》大統領暗殺を狙った韓国青瓦台《せいがだい》(大統領府)襲撃未遂事件が起こった直後、北朝鮮東岸の洋上でアメリカ海軍の情報収集艦プエブロが北朝鮮に拿捕《だほ》される事件が起きた。この事件の後、米国の求めにより安保理で審議が行われたが、拿捕を非難する米国と北朝鮮の立場を援護するソ連との言い合いで終始している。一九七六年八月、南北軍事境界線上にある板門店でいわゆるポプラ事件が発生した。共同警備区域にあったポプラを剪定しようとした米陸軍士官二名を北朝鮮兵士が斧などで殺害した事件であるが、安保理で取り上げられた記録は見当たらない。

一九八三年一〇月にはビルマのラングーンを訪問中だった全斗煥大統領一行を狙った爆弾テロ事件が発生し、閣僚他二一名が殺害された。当時私は研修のためソウルに滞在していたが、韓国軍が報復に出て戦争になる可能性もあった恐ろしい事件であった。米国が説得して韓国側は思いとどまったという。この事件についても安保理で審議された記録は見当たらない。

ソウルオリンピックの前年、一九八七年一一月、大韓航空の旅客機が北朝鮮の工作員によりインド洋上で爆破され、乗員・乗客一一五名全員が殺害されるという悲惨なテロ事件が起こった。この事件は翌年二月の安保理で取り上げられたが、残念ながら北朝鮮側は関与を否定するのみならず別の問題を取り上げる始末で全く生産的な審議にならなかった。

冷戦終結は朝鮮半島にも地殻変動をもたらした。その頃韓国社会も大きな変化を遂げつつあった。一九八七年六月、民主化宣言がなされ、長年の軍事政権に終止符が打たれ、民主的に選出された大統領（盧泰愚）が誕生した。さらに翌年にはソウルで夏季オリンピックが開催され、国際的にも韓国の地位は向上した。こうした流れに乗って、盧泰愚《ノテウ》大統領は社会主義諸国との国交を推進する北方政策を展開し、八九年二月のハンガリーとの国交樹立を皮切りに、九〇年九月にはソ連と、そして九二年八月には中国との国交を実現させたのである。

このような事態の急な展開が北朝鮮に大きな衝撃を与えたことは間違いないであろう。「二つのコリア」に反対し、南北単一議席で国連に加盟するとの従来の立場を放棄せざるを得なくなった。そして一九九一年九月、国連総会で南北朝鮮の国連同時加盟が万雷の拍手の中で実現した。

第一次核危機・国連安保理の最前線で

前述の通り、日本は一九九三年から九四年にかけ安保理の非常任理事国を務め、その間私は安保理でアジア・アフリカ地域を担当していた。そんななか、九三年四月、北朝鮮の核問題が突然安保理で審議されることとなった。(注6)

北朝鮮は、一九八五年に核不拡散防止条約（ＮＰＴ）に加入し、九二年になって国際原子力機関（ＩＡＥＡ）との間で保障措置協定を締結していた。同協定にもとづき、延辺にある黒鉛減速炉（小型原子炉）に対するＩＡＥＡの査察が始まっていたが、使用済み燃料から取り出したプルトニウムの量に関し、どうも北朝鮮の当初の申告とは別の未申告のプルトニウムが隠されている疑惑が生じつつあった。プルトニウムは核兵器に転用可能であるから、ＩＡＥＡはこれを管理し、軍事的に転用されないことを確保しなくてはならない。

ＩＡＥＡが徹底した査察を実施しようとしたところ、九三年三月北朝鮮は突然ＮＰＴからの脱退を通告し、事態は安保理に持ち込まれたのである。早速日本を含む安保理メンバーで非公式協議が行われ、その結果四月に、ＩＡＥＡに対し北朝鮮との間で建設的な努力を継続するよう促す議長声明を発出した。北朝鮮には直接何も求めておらず、はなはだ不十分な内容であったが、その後五月になって、決議八二五が採択される。北朝鮮に対し、NPT脱退を再検討し、同条約上の義務を尊重し、IAEAとの保障措置協定を順守するよう呼び掛ける内容である。このように安保理が北朝鮮問題に対し具体的なアクションを取ったのは朝鮮戦争以来ではないだろうか。

査察を巡りIAEAと北朝鮮の交渉が膠着状態を迎える中、並行して米朝のハイレベル協議が続けられていたが、NPT脱退表明が発効する直前の六月になって、北朝鮮側は脱退を一時的に停止させると表明し、一旦危機は回避された。

しかし、翌九四年五月になって本当の危機が訪れた。北朝鮮側がIAEA査察官の立ち合いなしに原子炉から使用済み燃料棒の抜き取り作業を始めたのである。過去実際どれだけプルトニウムが抽出されたか分からなくなってしまうのみならず、これら燃料棒を再処理すれば軍事転用されうる量がさらに増えてしまう。

安保理は議長声明で何度か北朝鮮側に警告していたが、もはや事態は制裁決議に進むほかない状況に至っていた。日本は既に安保理非常任理事国ではなくなっていたが、米国をはじめ他のP5（常任理事国）と緊密に連携を取り、六月には制裁を含む決議案がブルー（二四時間以降採択可能との意味）に印刷されて関係国に配布された。

これに対し北朝鮮は、制裁は宣戦布告を意味するとして、そうなると「ソウルは火の海

〈プルパダ〉」になると脅し、私たちはいよいよ瀬戸際に追い込まれた。

そのような時、かねてより訪朝を希望していたカーター元大統領が金日成と会談したことにより、危機は回避され、ニューヨークにおける制裁決議採択への動きは勢いを失った。その後、米朝ハイレベル協議が再開され、一〇月にいわゆる「枠組み合意」が署名される。北朝鮮側に軽水炉を供与する代わりに北朝鮮は原子炉の活動を凍結し、最終的には解体するという内容であった。これをもって核開発問題は一旦安保理の関与から外れたのである。

苦難の行軍と国連による人道支援

一九九五年夏、北朝鮮では豪雨による洪水被害が発生し、国連をはじめ国際社会に支援を求めざるを得ない状況に陥った。彼らの言う「苦難の行軍」の始まりである。北朝鮮では年間約五〇〇万トンの穀物需要があるが、二〇〇万トン以上不足していると推計された。燃料や医療品も足りない。

国連世界食糧計画〈WFP〉や世界保健機関〈WHO〉、UNICEFなど国連人道機関による支援が開始された。北朝鮮は日本や韓国にも支援を求め、日本は早速計五〇万トンに及ぶ米支援を実施した。

しかし、日本をはじめ国際社会の懸念は、これらの人道物資がきちんと必要な人々に届いているのか、軍に流れているのではないのか、ということであった。そのためには国際機関の係官が現場を訪問し、援助物資の流れをモニターする必要がある。当初国連によれば、援助係官は北朝鮮全体の約二五％で現場へのアクセスを拒否されていた。国家の安全保障がすべてに優先する北朝鮮ならではの理由である。しかし、モニタリング・アクセスは徐々に改善され、ＷＦＰによるモニタリング現地訪問は、ひと月二五〇件から二〇〇二年には五〇〇件以上に増えたと、当時北朝鮮担当人道調整官を務めたデーヴィッド・モルトンは述べている。(注7)

私自身一九九八年三月、自民党訪朝団に随行して北朝鮮を訪問する機会があったが、その目的の一つは食糧不足の実態を調査し、日本が供与した米が必要な人たちのところにきちんと届いているか視察することであった。地方の幼稚園や託児所、そして援助米が保管されている倉庫などを訪問し、実際に援助物資を手渡したりした。

人道支援担当の国連事務次長を務めていた大島賢三も二〇〇二年八月平壌《ピョンヤン》と元山《ウオンサン》を訪問し、ＷＦＰプロジェクトの現場を視察している。後に大島は、ＷＦＰ等国連機関はここ数年間北朝鮮当局との間で辛抱強い折衝を重ねてきた結果、監視体制や監視対象地域の拡大など相当な前進を見た、と記している。(注8)

ＷＦＰの年次報告書によると、二〇一八年には支援対象の託児所、病院、学校等へのモニタリング訪問が実施されているが、二〇二一年には国際職員は国外からリモートで業務を行っているという。二〇二〇年に新型コロナが発生してからというもの、国外から北朝鮮国内に入国するのはきわめて困難な状況が続いている。(注9)

核・ミサイル開発と制裁、負のスパイラルへ

一九九八年八月三一日、テポドン弾道ミサイルが日本列島を越えて太平洋側まで飛来し、日本国民に衝撃を与えた。ニューヨークにある日本政府国連代表部では、安保理による何らかのアクション（行動）を模索したが、事を荒立てないよう求める中国の消極的な対応もあり、口頭での報道向け談話（国連の記録なし）の発出に終わった。

二〇〇一年に入り、ブッシュ政権が誕生すると、クリントン政権時代に締結された「枠組み合意」は廃棄され、新たに六者協議（南北朝鮮、日、米、中、露）の枠組みで北朝鮮の核・ミサイル問題が話し合われるようになっていた。

二〇〇五年になると、六者で共同声明が採択され、その中で北朝鮮は、すべての核兵器・核計画の放棄を宣言するという進展が見られた。しかしその直後、米国財務省は、資金洗浄の疑惑があるとしてマカオの銀行バンコ・デルタ・アジアにある北朝鮮の口座を凍結してしまうのである。

北朝鮮による弾道ミサイル発射

これに猛反発した北朝鮮は、翌二〇〇六年七月、弾道ミサイルを発射。安保理非常任理事国だった日本は大島賢三大使の下、アクションをとるために奔走し、北朝鮮に弾道ミサイル計画に関連するすべての活動を中止するよう求める決議を全会一致で採択した（決議一六九五）。これに反発した北朝鮮は、安保理の事前の警告にもかかわらず、同年一〇月には初めての核実験を実施する。安保理は日本の大島議長の下直ちに行動をとる。国連憲章第七章を引用し（法的拘束力のある強制措置を意味する）、核兵器計画関連人物の資産凍結や移動禁止を課し、北朝鮮への核関連技術や奢侈品の供与を禁止するなどの内容を含んだ決議を全会一致で採択したのである（決議一七一八）。いわゆる制裁決議である。朝鮮戦争以降初めての強力な決議の採択であった。

しかし、その後事態はエスカレーションの一途をたどることになる。北朝鮮は弾道ミサイル発射と核実験を繰り返し、核実験はこれまで計六回に及ぶ。その都度安保理による制裁強化決議が採択されたにも拘わらずである（二〇〇六年七月採択の決議を含めこれまで計一一の決議が採

	決議番号	採択年月日	きっかけとなった北朝鮮の挑発行為
1	第1695号	2006年7月15日	7月5日の弾道ミサイル発射
2	第1718号	2006年10月14日	10月9日の核実験（1回目）
	＊この決議により北朝鮮制裁委員会（以下、制裁委員会）を設置。		
3	第1874号	2009年6月12日	5月25日の核実験（2回目）
	＊この決議により北朝鮮制裁委員会専門家パネル（以下、専門家パネル）を設置。		
4	第2087号	2013年1月22日	前年12月12日の弾道ミサイル発射
5	第2094号	2013年3月7日	2月12日の核実験（3回目）
6	第2270号	2016年3月2日	1月6日の核実験（4回目）及び2月7日の弾道ミサイル発射
7	第2321号	2016年11月30日	9月9日の核実験（5回目）
8	第2356号	2017年6月2日	累次の弾道ミサイル発射等
9	第2371号	2017年8月5日	7月4日及び28日の大陸間弾道ミサイル（ICBM）級弾道ミサイル発射
10	第2375号	2017年9月11日	9月3日の核実験（6回目）
11	第2397号	2017年12月22日	11月29日のICBM級弾道ミサイル発射

北朝鮮に対し制裁を科した安保理決議一覧（出典：外務省HP）

択されている）。

とくにトランプ政権が発足し、緊張が最大限に高まった二〇一七年には、石炭・鉄・鉄鉱石の北朝鮮からの輸入全面禁止決議（二三七一）、六回目核実験の直後には原油輸出に上限を設け、北朝鮮貨物船の公海での臨検を加盟国に求める決議（二三七五）、そして一二月には、北朝鮮の資金源となっている海外労働者を送還するよう求める決議（二三九七）が採択されている。

制裁の効果と限界

このように国連安保理は数々の制裁を課し、別途米国、ＥＵ、日本なども独自の制裁を強化してきているが、北朝鮮の行動には全くと言っていいほど変化が見られない。むしろ核・ミサイル開発に向けてアクセルを踏み続けているとしか思えない状況が続いている。

そもそも制裁は、対象国の政策・行動を変化させるために行われるのであるが、その効果と限界はどう見ればよいのであろうか。この点については数々の研究結果がある。(注10) なお、かつてイラク、ハイチなどに対し包括的な経済制裁が実施されたことがあるが、一般国民に甚大な悪影響を与えるとの批判がなされ、一九九〇年代以降は国家の指導者や責任あるグループ・個人に対象を絞ったスマート制裁・ターゲット制裁が主流となっている。

さて、これらの研究成果によると、まず制裁対象国の発動国に対する貿易依存度が高いほど効果がある。社会主義国への効果は低い。周辺国との外交関係や安保理でのコンセンサスの有無も効果を左右する。たとえば、安保理で中ロなどが制裁決議を棄権したような場合は大きな効果は望めないであろう。また、監視体制の有無も結果を左右する。この点安保理制裁に関しては、近年専門家パネルや監視チームが設けられ、制裁実施状況の監視や安保理へのアドバイスを行っている。

さらに、特定物資や金融につき制裁を受ける国から見て、制裁発動国以外の諸国との代替取引が可能な場合、制裁は抜け穴の多いざる法になってしまう。

これまでの二二の国連によるターゲット制裁を分析したある研究によると、一部の目的なりとも効果的に達成した制裁の比率は約二二％、強圧的に対象国の行動を変えさせようとする制裁の場合、効果があるのは約一〇％に過ぎないという。(注11)

これまで制裁の成功例と言われているのが、かつてアパルトヘイト政策をとっていた南アフリカへの制裁であり、効果が見られない典型的な事例としては北朝鮮への制裁が挙げられている。苦しむのは国民であり、支配層や軍は制裁を迂回して必要な資金や物資・技術を得ることができる。とくにもともと北朝鮮との貿易量が圧倒的に多い中国は制裁には消極的であるし、最近のロシアに至っては制裁をまともに実施する気持ちはさらさらないであろう。この点は後述する。

そもそもが強圧的な制裁だけで相手国の行動を変化させることは難しいと言われている。インセンティブや誘因措置、外交を組み合わせて初めて効果を生むことが可能となる。北朝鮮に対してもそのような見地から、必要に応じてインセンティブも与えながら、より積極的に関与・対話を進めていくことが求められよう。

国連事務総長の役割

国際の平和と安全の維持のために国連事務総長が果たしうる役割については、第2章で言及されているので、ここでは詳述しないが、朝鮮半島に関わる部分について、簡単に触れておこう。

初代のトリグブ・リー事務総長は、「事務総長は世界で最も不可能な仕事」と評したことで有名であるが、一九五〇年に起こった北朝鮮による侵攻をいち早く国際平和への脅威と断定し、国連軍の設立を支持した。ソ連の反発を受けたが、それだけのガッツがあったといえよう。

ワルトハイムは一九七九年北朝鮮を訪問しているが、これが国連事務総長としての初めての訪朝である。

その後一九九三年一二月にガリ事務総長が、板門店から訪朝し、金日成主席および金永南《キムヨンナム》副総理兼外交部長と会談している。当時は第一次核危機の最中で、米朝ハイレベル協議が断続的に行われていた時期であり、核問題の解決に向け環境作りをしようとしたのだと思われる。

二〇〇七年から二〇一六年まで事務総長を務めた潘基文《バンギムン》は、韓国の外交部長官を務めた元外交官で、北朝鮮の核問題解決に向け何らかの役割を果たしたいとの強い意向を持っていたと見て間違いない。二〇一五年の五月および一一月に訪朝を企図したが、いずれも実現しなかった。

一般論として、事務総長の役割は決して小さくなく、キューバ危機の際のウ・タント事務総長による米ソの仲介をはじめいくつかの成功例があるが、朝鮮半島については、米、中、露といった大国・常任理事国の利害が直接絡むので、事務総長が関与する機会はあまり多くはないのかもしれない。しかし、国連は北朝鮮への人道支援も続けており、今後何らかの役割を果たす可能性は皆無ではないであろう。

ロシアと北朝鮮の急接近、制裁は崩壊するのか？

二〇一七年に高まった一触即発の危機は、二〇一八年に入り平昌《ピョンチャン》オリンピックを契機として文在寅《ムンジエイン》政権の仲介努力により一旦は回避された。そして、同年六月シンガポールにおいてトランプ大統領と金正恩委員長との間で歴史的な首脳会談が行われ、完全な非核化に向けて取り組む旨コミットする共同声明が署名された。しかし、翌一九年二月の第二回首脳会談は失敗に終わり、米朝関係は再び漂流し始める。

二〇二一年にバイデン政権が発足すると、北朝鮮側は弾道ミサイルの発射を含めた挑発を本格的に再開し、二〇二二年、保守派で北朝鮮強硬派の尹錫悦《ユンソンニヨル》大統領が就任すると、米韓による軍事演習・北朝鮮によるミサイル発射という負のスパイラルがまた始まった。この年には、計五九発の弾道ミサイルが北朝鮮から発射されている。

一方で、米中、米ロ関係は対立・競争の様相を帯び、二〇一七年までのように中ロの協力を得て制裁強化の安保理決議を採択することが難しくなり始めていた。実際二〇二二年五月、北朝鮮によるミサイル発射非難と制裁強化を求める米国提案の安保理決議案が賛成一三、反対二（中ロ）、棄権〇で否決されている。同年二月、既にロシアによるウクライナ侵攻が始まっていたのである。

そしてロシアと北朝鮮が急接近し始めた。ロシアは二〇二三年七月の朝鮮休戦協定七〇周年の記念行事にショイグ国防相を派遣し、九月には金正恩総書記がロシア極東宇宙基地を訪問し、プーチン大統領との間で首脳会談を行った。また、翌二四年六月にはプーチン大統領が北朝鮮を訪問し、両国の間で包括的戦略パートナーシップ条約が署名されている。

両国接近の理由は明らかであろう。ロシアとしては、長引くウクライナ戦争で必要な武器・弾薬が不足し始めており、ロシア製の兵器が潤沢な北朝鮮はこれを供給できる。不足する人員を同国から補うことも可能であろう。実際、北朝鮮により兵器が供給されたり、一万人余りにのぼる北の兵士がウクライナ前線に派遣されたりしていることが情報筋によって明らかにされている。一方北朝鮮としては、戦術・戦略ミサイルの高度化や偵察衛星の打ち上げが急務であり、ロシアからの技術協力は喉から手が出るほど欲しいであろう。日米韓の防衛体制の結束が強まる中、自国防衛のためロシアの協力が不可欠なのである。また、制裁による経済難を凌ぐためにも、武器や兵員供給の対価としてロシアから石油や食料を得たい思惑もあるであろう。双方の利害の一致は明白である。

これらの行為はいずれも安保理制裁決議あるいはロシアへの個別制裁に反するものであるが、両国がこれらの決議等を遵守するとは思えない。北朝鮮への新たな制裁決議はもちろんのこと、既存の安保理決議の厳格な履行もままならない状況がしばらくは続くのではないだろうか。二〇二四年三月には、対北朝鮮制裁を監視する安保理専門家パネルのマンデート延長決議案がロシアの拒否権により否決されている。(注12)

(注1) 朴婉緒《パクワンソ》『그 많던 싱아는 누가 다 먹었을까』(あんなにあった酸葉《すいば》をだれがみんな食べたのか)(一九九二)は少女時代に古都開城近郊の村で解放を迎えた女性作家の自叙伝的小説。当時の様子が生々しく描かれている。

(注2) 神谷不二『朝鮮戦争』中公新書、一九六六年。

(注3) 安保理文書(S/PV 473)参照。

(注4) 朴前掲書。

(注5) 採決された決議の骨子は、安保理が、休戦協定を引続き堅持することを念頭において国連軍司令部を解体することを含む朝鮮問題の諸部面に対し、適当な時期に直接当事者と協議しつつ考慮を与えるよう希望表明する、というものであり、玉虫色の妥協案となっている。

(注6) 第一次核危機の様子は拙著『北朝鮮外交回顧録』(ちくま新書、二〇二二)の第3章に詳しい。

(注7) Minear and Smith "*Humanitarian Diplomacy*" United Nations University Press, 2007

（注8）大島賢三『一外交実務者の個人史』講談社エディトリアル、二〇二一年。
（注9）https://dprkorea.un.org/ DPRK Annual Report 2021によると、同年第一四半期に、ＷＦＰは五六万六八八六の受益者を対象に、九八一トンの強化シリアル・ビスケット、四九六九トンの食糧物資を九つの道の六〇の郡に配布している。
（注10）たとえば、吉村祥子編『国連の金融制裁』東信堂、二〇一八年など。参考文献参照。
（注11）"The Effectiveness of United Nations Targeted Sanctions: Findings from the targeted sanctions consortium（TSC）" Watson Institute（Brown University）Nov. 2013
（注12）同年一〇月、日米韓や他のＧ７諸国、豪州、ニュージーランド等からなる有志国は、多国間制裁監視チームを設立し、制裁のがれを監視する努力を続けている。

第6章

ミャンマーと国連——クーデター以降

クーデター発生

ビルマ（ミャンマー）は一九四八年に英国の植民地支配から独立を果たした後、一九六二年、ネウィン将軍がクーデターを起こし全権を掌握して以来、長年軍事政権が続いていた。一九八八年には学生を中心とする大規模なデモが繰り広げられ、二〇〇七年には僧侶による全国的なデモが起こったが、いずれも短期間で鎮圧されている。また、一九九〇年には自由な総選挙が実施され、アウン・サン・スー・チー女史が所属する国民民主連盟（ＮＬＤ）が圧勝したが、軍政はその結果を受け入れなかった。

しかし、二〇一一年になると、ようやく民政移管が実現し、二〇一五年の総選挙ではＮＬＤが圧勝。ティン・チョウ大統領、スーチー国家最高顧問が就任し、本格的な民主政権が誕生した。このような民主化の着実な進展を背景に、ミャンマーはアジア最後のフロンティアと言われ、日本をはじめ多くの国の企業が同国に進出し、経済活動も活発化しつつあった。

二〇二一年二月一日未明、ミャンマー国軍はウィンミン大統領およびアウンサンスーチー国家顧問の他、国民民主連盟（ＮＬＤ）幹部らの身柄を拘束し、非常事態宣言を発出した。国軍が政権を掌握し、ミン・アウン・フライン国軍総司令官に三権が移譲された。

クーデターである。軍部は、前年一一月に実施された総選挙で大規模な不正行為があったとして、クーデターの正当性を主張した。

これに対し、市民は大規模な抗議デモを展開し、全国に不服従運動（ＣＤＭ）が広がった。また、ＮＬＤを中心とする連邦議会議員の一部は連邦議会代表委員会（ＣＲＰＨ）を設立し、軍部に対抗する。その後、国民統一政府（ＮＵＧ）、そして国民防衛隊（ＰＤＦ）が樹立される。

その後も市民の抵抗運動は続き、軍部の強硬な姿勢により、市民の死者が増えていく。投獄される人たちも後を絶たない。

国際社会に衝撃が走った。ミャンマーの民主化を一貫して支援してきた日本政府関係者としても、悔しい思いであったに違いない。

ＡＳＥＡＮの取り組み――議長国ブルネイで奔走する

国連は紛争処理に当たり、地域的取り決め・地域機関の役割を重視し、これら機関との連携・協力を大切にしていることは、国連憲章（第八章）に定めてある通りである。実際、欧州連合（EU）やアフリカ連合（AU）などの地域機関は数々の紛争の平和的解決に尽力してきている。

東南アジアでは東南アジア諸国連合（ASEAN）の役割が重要である。従来ASEANは内政不干渉、コンセンサス重視で、地域紛争解決のため役割を果たせるのかどうか疑問視する向きもあったが、二〇〇八年に発効したASEAN憲章では、法の支配、民主主義、人権の尊重などが基本原則として確認されたこともあり、一歩踏み込んだ対応が期待されていた。

クーデターが発生した時、私は駐ブルネイ日本大使館で勤務をしていたが、この年ブルネイはASEANの議長国であった。

ASEANの中でも、また、日本を含めた国際社会が、ブルネイが議長国としてこの問題にどう取り組むのか注目し始めた。

大使館としても、外務本省、在ミャンマー日本大使館、そしてブルネイ外務省と緊密に連絡を取る。コロナ禍でも忙しい日々が始まった。茂木《もてぎ》敏充《としみつ》外務大臣はカウンターパートのエルワン大臣に頻繁に連絡を取る。その都度事前にブルネイ側の考えを聴取する必要があった。

また、ヤンゴンにはブルネイも大使館を置いていたが、人脈や情報収集能力に限りがある。

この点わが方大使館は丸山一郎大使や多久島容子《たくしまようこ》一等書記官をはじめ、ミャンマー語を駆使し、幅広く人脈を有する逸材がいたので、しばしば彼らと連絡を取り、状況をエルワン大臣と随時共有するとともに、赴任前の新任大使との橋渡しをしたりした。

一方で、エルワン大臣は、ミャンマー軍政権下のワナマウンルウィン外務大臣とはかつて一緒に働いたことがある旧知の仲であり、同人と頻繁に連絡を取るとともに、関係各国の外務大臣や国連のクリスティン・バーグナー・ミャンマー問題担当事務総長特使、反軍部のリーダーなど、各方面の関係者と連絡を取り合っていた。

しかし、このままASEANとして手をこまねいているわけにはいかない。そして、インドネシアのイニシアチブで四月下旬、ジャカルタでASEANリーダーズ会議が開催された。ミャンマーからは軍のトップであるミン・アウン・フラインが出席するので、これを正式な首脳会談と位置付けることは難しい。したがって、このような名称になったという。

ブルネイは議長声明の取りまとめに尽力し、結果、「五つのコンセンサス」が発表された。すなわち、①暴力の即時停止、②建設的な対話の開始、③ASEAN議長国特使による仲介、④ASEANによる人道支援を実施、⑤特使とすべての関係者との面会、の五点である。

これに対し、日本政府は、事態の改善に向けた第一歩として歓迎するとともに、ASEANの事態打開のための努力を高く評価した。そのうえで、日本として、引き続きASEAN

の努力を後押しし、ＡＳＥＡＮをはじめとした関係国と協力・連携するとともに、⑴暴力の停止、⑵被拘束者の解放、⑶民主的政体への回帰、をミャンマー国軍に強く求めていくことを明らかにした。

そして、六月に入って、エルワン大臣はリム・ジョクホイＡＳＥＡＮ事務局長とともにミャンマーを訪問し、軍部に対し、五つのコンセンサスの履行を促す。議長国の外務大臣の訪問なので、注目が集まった。しかし、エルワン大臣は軍部の関係者には会ったが、アウン・サン・スー・チーはもちろんのこと、ＮＬＤをはじめとする反政府派の人物とは誰とも会うことができず、身内のＡＳＥＡＮ諸国、とくにインドネシアから厳しく批判されてしまった。

ＡＳＥＡＮの中でも対応に温度差があった。軍部政権を厳しく批判する強硬派は、インドネシア、フィリピン、マレーシア、シンガポールである。タイはもともとミャンマーの軍部と関係が深いので、軍部寄りとみられても仕方ない立場を取っていたようである。

ＡＳＥＡＮ特使の任命とエルワン特使の苦悩

次の具体的ステップは、ＡＳＥＡＮ特使の選任である。具体的な候補として、インドネシアの元外相、タイの元外務副大臣、マレーシアの元国連大使などの名前が挙がっていたが、なかなか決まらない。ミャンマーの軍事政権はタイの候補なら受け入れられるとの立場を示していたが、インドネシアなど強硬派がこれを許さない。

八月に入って、ASEAN緊急外相会談がオンラインで開催され、その場でエルワン大臣がASEAN特使に選任された。

残された時間はあまりない。一〇月下旬のASEAN首脳会談までに特使のミャンマー訪問が実現しないと、特使は次の議長国であるカンボジアに移ってしまう。日本政府は全面的にエルワン特使を支援する。大臣からもこの趣旨を伝え、ヤンゴン・ネピドーでも丸山大使が特使訪問の環境作りに奔走した。

一〇月の首脳会談の前にいよいよ特使がミャンマーを訪問するのではないかという観測が伝えられた。その頃、私はエルワン大臣を公邸に招き、ウナギ料理を振る舞いながら、訴えた。一〇〇点満点でなくてもいい。アウンサンスーチーに会えなくても、誰か反体制派の人間に会えればいいではないか。日本政府による人道支援も梃子として活用してもらっていい。とにかく特使として訪問することが大切である。このように訴えて背中を押し続けた。

エルワンは、軍部の反応が良くなければきたる首脳会談にミャンマーを招待しないこともありうる。これを梃子に今軍部と交渉している、ひとたび行くからには手ぶらでは戻ってこられない、何らかの手土産が必要である、と述べていた。

この模様はもちろん即座に東京とヤンゴンのわが方大使館に伝えて、フォローアップをお願いする。茂木大臣も最後の最後までエルワン大臣の説得に努めた。

しかし、エルワン特使の訪問が実現することはなく、一〇月下旬のＡＳＥＡＮ首脳会談にミン・アウン・フライン総司令官は招待されなかった。これに軍部が強く反発したのは言うまでもない。

振り返ってみると、エルワン大臣は、ミャンマー軍部とＡＳＥＡＮ強硬派のインドネシアなどとのあいだに挟まれて身動きが取れなくなっていたのではないだろうか。特使の役割には火中の栗を拾う面がある。ブルネイ国王が対ミャンマー外交のためにどこまでリスクを負う用意があったのかも定かではない。

こうして外交努力は次の議長国カンボジアの手にゆだねられることとなった。

安保理と総会の行動

安保理は二月のクーデターを受けて即座に対応し、事態を深く懸念し、スーチー女史他拘束された者の即時釈放を求めるプレスステートメントを議長が発出した。(注1) さらに三月に入ると、平和的なデモへの暴力を強く非難する議長声明を発出する。(注2)

その後も折に触れて安保理はミャンマー問題について審議を行い、国連特使やＡＳＥＡＮ

特使からブリーフを受け、一周年の二月には前年と同様のプレステートメントを発出するのであるが、それ以上特段の行動（アクション）を取ることはなかった。

しかし、二〇二二年の一二月になると今回の事態について初めて決議を採択する。この決議では、すべての暴力の即時停止を求めるとともにASEANによる努力への支持などを表明している。但し、残念ながら全会一致とはならず、中国、ロシア、インドという影響力の大きい隣国がいずれも棄権している。この問題の地政学的な複雑さを表しているのであろう。その後これまでのところ、安保理は新たな行動をとっていない。クーデター二周年、三周年のタイミングでも関係者から情勢の説明を受け議論するにとどまっている。

総会はどうであろうか。ちなみに私が二〇〇一年から二〇〇四年にかけてニューヨークの国連代表部に勤務していた際、毎年総会の第3委員会（人権・人道担当）ではミャンマーの人権決議が採択されており、日本政府もその作成から採択にかけて深く関与していた。

二〇二一年六月、総会は軍政に対し、選挙結果を尊重し、すべての暴力を即座に停止し、ASEANの五項目のコンセンサスを実施するよう呼びかけるとともに、ミャンマーへの武器流入を阻止するよう全国連加盟国に求めることなどを内容とする決議を、賛成一一九、反対一、棄権三六（中ロを含む）で採択した。（注3）総会の決議には拘束力はないとはいえ、かかる多くの国が包括的な内容の決議に賛成したことは国際社会からの強いメッセージとして評価されるであろう。その後も、国連総会はミャンマー少数派の人権と題して、最新の状況を反映させた広範囲にわたる決議を毎年採択している。

なお、国連総会では、加盟国の代表を決める信任状委員会の判断により、クーデター前の民主政権により任命されたチョーモートゥン大使が引き続きミャンマーの代表を務めている。

国連特使の努力

国連では紛争の平和的解決を模索するため、事務総長の特使を任命することが多々ある。ミャンマーについても、クーデターの起こった時点で、既にバーグナー特使（スイス人）が任命されていたが、二〇二一年一〇月になるとシンガポール出身のノーリン・ヘイザーが新たに特使に任命された。同氏は過去に国連女性開発基金（UNIFEM）の事務局長を務めたことがあり、その際ニューヨークで一緒に仕事をしたことがある。また、二〇〇八年にミャンマーを襲ったサイクロンの復興事業に関連してミャンマー政府やASEANとともに仕事を進めた経験もあるという。うってつけの人材である。

ヘイザー氏は、二二年八月、クーデター以降国連特使としては初めてミャンマーを訪問し、軍政トップのミン・アン・フライン他軍政府関係者と会談し、政治犯の釈放や暴力の停止を訴えた。しかし求めていたアウンサンスーチー女史との面談は実現せず、結局軍政に正当性を与えただけではないかという一部市民社会の批判を浴びることになってしまった。ASEAN議長国のエルワン外相がミャンマー訪問後に受けたものと同じような批判にさらされたということであろう。この問題における仲介者の立場の難しさを物語っている。

結局その後ヘイザー特使はミャンマーを再訪問することはなく、二三年六月に約二〇カ月にわたる任期を終えた。その間、ASEAN特使をはじめとする関係各国の責任者と緊密に連携を取り、安保理等で定期的に情勢をブリーフし、暴力の停止、政治犯の釈放、人道物資の円滑な配布などのため尽力したのであるが、残念ながら進展はなかった。なお、その後豪州のジュリー・ビショップ元外務大臣が後任の特使に任命されている。

人道危機と国連の支援活動

ミャンマー国内の暴力事態は、軍政と反軍政民主派組織との衝突に加え、一部少数民族武装団体が参戦したことにより、激しさを増している。クーデター以降、毎月二〇〇以上の武力衝突が全土で起きており、二〇二三年一〇月末に起こった三つの少数民族の武力組織による国軍襲撃作戦（開始された日をとって一〇二七作戦といわれる）以降、その数が急増し、それに伴い国内に人道危機が発生している。

国連人道機関が二三年一二月に発表した情報によると、人道支援を必要とする国民の数は約一八六〇万人と前年より一〇〇万人も多くなっている。(注4)ミャンマーの人口は約五五八〇万人(二〇二四年推計値)であるから、三〇%を超える国民が支援を必要としていることになる。そして、避難民の数は約二六〇万人におよび、前年に比べ一一〇万人も増えている。この中には一〇二七作戦以降新たに避難民となった六六万人が含まれるという。なお、国連による最新の報告によると、ミャンマーの国内避難民が二〇二五年に四五〇万人に達する見通しになった。

このような深刻な人道危機に対し、国連は国際社会に二〇二四年分として九億九四〇〇万米ドル(一ドル一四五円として約一四四一億円)の支援を訴えた。これをもってまずは優先的に五三〇万人を対象に支援しようということである。このうち国連世界食糧計画(WFP)は少なくとも二〇〇万人への食糧支援を予定している。

このような国連のアピールを受け、日本政府も人道支援に積極的である。クーデター後三年がたった二〇二四年二月、上川陽子外務大臣は外務大臣談話の中で人道支援につき次のように語っている。(注5)

「クーデター以降の情勢悪化を受けて、全国で約二三〇万人の市民が避難生活を強いられる人道危機に陥っています。我が国は、人道支援がそれを必要とする人々に届くことを確保すべく、国際機関のみならずNGOなどともより一層連携し、引き続き人道支援を積極的に行っていきます。また、ミャンマー国軍に対しても、安全で阻害されない人道アクセスを認めるよう引き続き強く求めていきます」。

なお、日本政府はクーデター以降、新たな政府開発援助（ODA）の供与は軍政を利するものとして差し控えているが、人道支援については積極的に行っている。(注6)

これは何もミャンマーだけに限らない問題であるが、人道支援に際して本当に必要な人たちに援助物資が届いているのかという国際社会の懸念がある。ミャンマーについても軍政が支配している地域だけに国連の支援が限られているのではないかという疑問が常に存在している。また、武力衝突が起こっているため物資が配布できないという実際的な問題もあるであろう。

このいわば援助物資のアクセスの問題について、たとえばWFPは、過去二年間支援が届きにくい場所へのアクセスが飛躍的に向上している。たとえば、カヤ州、シャン州南部、バゴー管区で数千人に対し緊急食糧・栄養支援を開始した、としている。(注7)

アクセスが改善したことは一歩前進であるが、まだまだ改善の余地があるとの声が少なくない。(注8)

たとえば国連を含め国際社会の人道支援の多くは軍や関連治安部隊・警察と協働しながら

実施されているが、そうである限り軍政の影響が及ばない地域への物資配布は難しい。よって、軍政との協働をやめて、現場の小さな支援団体と協力し合うべきではないか。また、国境を跨いだ隣国（インドやタイ）からの支援に移行すべきではないか、といった意見もある。さらに、国民統一政府（ＮＵＧ）代表は、国軍ではなく、ＮＵＧを通じた人道支援を訴えている。

いずれにせよ国内の武力衝突が悪化する中、停戦、暴力停止、紛争解決のため引き続き努力すべきは当然であるが、当面膠着状態が続く限り、国連をはじめとする国際社会は人道支援にエネルギーを注ぐ必要がある。

ちなみに二〇二四年一月に議長国ラオスで開催されたＡＳＥＡＮ外相会談では、国軍が久しぶりに代表を派遣し、人道支援強化で一致したという。国連による一層の貢献が期待される。

対立が激化する現場

国軍と民主化勢力の対立は軟化の兆しはなく、二〇二三年秋以降はむしろ激化している。市民勢力を代表するＮＵＧ（インターネット上の政府）はワシントン、英国、日本をはじめとする国々に代表事務所を設置し、国軍政府との対決姿勢を強めている。

クーデター後、軍政への抗議デモを行うミャンマー市民

軍政を代表するミン・アウン・フライン国軍司令官は、当初二〇二三年八月に仕切り直しの総選挙を実施することを公言していたが、六カ月間の緊急事態宣言の延長を重ね、さらに同年三月にはスーチー女史を代表とするNLD政党の登録を抹消した挙句、結局予定通り総選挙が実施できなくなってしまった。彼らにとって想定外の事態が生じているということに他ならない。民主勢力の抵抗・反撃が予想外に強かったということである。

対立を軍事的な衝突に激化させている要因が約一三五あると言われる少数民族の存在である。ミャンマー国軍は長年一部少数民族武装集団との対立に頭を悩ませてきた。二〇一一年の民政移管後は、停戦合意も成立し、対立は抑えられていたが、クーデターを契機に一部の武装集団が民主化勢力と協力し合って、軍政への武力攻撃を再開させた。また、民主勢力の軍事組織「国民防衛隊」（ＰＤＦ）に参加する若者が友好関係にある少数民族武装組織の下で軍事訓練を受けるということも起こっている。

現場に目を向けると、前述の通り、毎月二〇〇以上の武力衝突が起こっており、軍政による市民への弾圧・攻撃は収まるところがない。たとえば、二〇二一年四月、中部の都市バゴーで国軍が弾圧を敢行し、若者を中心に八二名が殺害された。また、二〇二三年四月にはザガイン管区にあるパジージー村への空爆でＮＵＧ系の式典に出席していた約一七〇名の市民が犠牲になった。

ミャンマーの地域名（出典：一般社団法人日本ミャンマー文化産業振興協会）

有力NGO（AAPP）によるとクーデター以降二〇二五年一月一七日時点で、六一八六名の市民が殺害された他、二万八二六五人が逮捕、二万一五五二人が拘束されている。

前述の通り、二〇二三年一〇月末、三つの少数民族武装集団が中国国境に近い東部シャン州で開始した国軍への一斉攻撃により、国軍側の被害も増大している。また、国軍側による投降も続出しているという。これら三つの集団に続いて他の武装集団も攻撃に参加し、北部シャン州、ラカイン州、ザガイン管区、チン州、マンダレー管区などで戦闘が激化している。今や軍政が完全掌握している領域はミャンマー全土の四分の一に満たないといった見方もある。(注9) この二年間で一万三〇〇〇から一万五〇〇〇名の国軍兵士が殺害されたと言われているが、(注10) その数はさらに増えているであろう。その後中国の仲介で一部少数民族と軍政との停戦が実現したと報じられたが、停戦がどの程度実行されているか定かではない。

打開が見いだせない国際社会、国連の役割は？

現場の対立が激しさを増すなか、関係国の動きを見てみよう。

ASEANは、議長国がブルネイからカンボジア、インドネシア、ラオスへと変わる中、二〇二一年四月のリーダーズ会議で合意した五項目のコンセンサス（①暴力の即時停止、②建設的な対話の開始、③特使による仲介、④人道支援を実施、⑤特使とすべての関係者と面会）の実現に向けて、特使がミャンマーを訪問するなど粘り強く対応してきたが、なかなか進展が見られない。すでに述べたように人道支援強化の方向性が示された他、二〇二四年一〇月のASEAN首脳会議では約三年ぶりに軍政の代表が参加し、議長国とタイも含めた非公式協議を開催することを確認したという。なお、二〇二三年九月のASEAN首脳会談では、二〇二六年予定のミャンマー議長を翌年のフィリピンにゆだねること、また、一年ごとに替わる議長国間の意思疎通を円滑にするためトロイカ体制（前議長、現議長、次期議長による協力体制）を構築することが合意されている。

中国は、ミャンマー北東部と一三〇〇マイルの国境を接する重要な隣国である。もともと民主勢力率いるスーチー女史とも緊密な関係にあったことから、クーデター直後は軍政との接触に慎重であったが、その後王毅外相がミン・アウン・フライン国軍司令官と会談した他、二〇二四年一一月上旬には雲南省の昆明を訪問した同司令官と李強首相が会談するなど関係を強化している。ミャンマー国内における対中国感情は必ずしも良くないと言われているが、国境地域の安定や自国民保護のため、あるいは中国国境地帯からインド洋に抜ける回廊建設のためにも軍政との一定の協力関係が必要と考えているのであろう。

同じく国境を接するインドやタイは、ASEANとは別に関係国を招いた国際会議を開催するなど、独自の動きを見せている。また、ロシアは、国境は接していないが、中国と並んでミャンマー国軍への武器の供給源として知られている。

これに対し、いわゆる自由・民主主義諸国は、米国が国軍関係者や軍傘下企業にターゲットを絞って資産凍結、米国人・企業との取引禁止、米国への入国制限といった制裁を課しており、ＥＵも同様の制裁を加えているが、本格的な制裁には至っていない。軍政をあまり追い詰めると中国との関係強化に走り、中国を利するだけであるとの判断があるのであろう。ちなみに、二〇一一年の民政移管以前に実施されていた米国他の制裁はほとんど効果がなく、かえって中国との貿易が増え、ＧＤＰが大幅に増大したと言われている。(注11) 一方で、ＮＵＧの代表事務所の設置は認めているが、ＮＵＧを政府承認するまでには至らず、やや中途半端な対応が続いている。

日本政府の対応については、軍政への制裁は実施していないが、新規のＯＤＡ供与は停止している。また、外務省幹部が少数民族の代表等とも会談を行っている。ミャンマー国軍に対して、⑴暴力の即時停止、⑵被拘束者の解放、⑶民主的な政治体制の早期回復について、具体的な行動を取るよう一貫して求めるとともに、事態打開に向けたＡＳＥＡＮの取り組みを最大限後押ししてきている。(注12)

このように国際社会の対応が行き詰まりを見せる中、国連としても人道支援に力点を置く以外、なすすべがないのであろうか。

グテーレス国連事務総長は、クーデター三周年を迎えた二〇二四年一月末談話を発出している。その中で、事務総長は、すべての暴力を非難するとともに、国軍による市民への暴力と政治的弾圧はやめなければならないと訴え、持続可能で包摂的な平和の実現に寄与するため、ＡＳＥＡＮをはじめ地域の関係者と協力していくと述べている。(注13)

軍政と民主化勢力・少数民族武装集団との対立・武力衝突が激化し、双方が一歩も引かない姿勢を続けている限り、仲介はなかなか難しいかもしれない。しかし、あらゆる機会をとらえて、国連がイニシアチブを取り、軍政・ＮＵＧ・少数民族武装集団との直接・間接の対話の場を設けるべく、ＡＳＥＡＮ等関係国とともに努力を続けていくことが大切であろう。国連には平和創造（peace making）の知見も豊富である。

また、環境醸成のため、必要であれば、安保理議長声明や決議、あるいは総会決議を新たに採択し、国際社会の強力なメッセージとして、暴力の停止、関係者同士の対話、民主的政府回復へのロードマップ作成を訴えていくのも一案であろう。

人道危機に対応し、人道物資のアクセスを抜本的に解決するため、安保理決議などをもって人道回廊を設定し、その地域での無条件停戦、必要に応じて国連ＰＫＯまたは多国籍部隊の配備を検討することも考えてもいいのではないだろうか。

ミャンマーを忘れ去られた危機（ビショップ国連特使）にしてはならない。膠着状態が続いているからこそ、国連によるイニシアチブに期待したい。

（注1）二〇二一年二月四日付SC/14430。
（注2）二〇二一年三月一〇日付S/PRST/2021/5。議長声明はプレスステートメントよりも格式が高いと言われている。
（注3）二〇二一年六月一八日採択総会決議75/287。
（注4）18 December 2023, UN released the Myanmar Humanitarian Needs and Response Plan（HNRP）for 2024
（注5）外務省ＨＰ参照。
（注6）クーデター以降二〇二三年二月の時点で、国際機関やＮＧＯ等を経由し、直接ミャンマー国民が裨益する形で合計四七〇〇万米ドル以上の人道支援を実施。さらに同年二月時点で、追加的に合計約六〇三〇万米ドル（約七〇億七七七〇万円）の人道支援の実施を決定。具体的には、ＵＮＨＣＲ、ＵＮＩＣＥＦ、ＷＦＰおよびＡＨＡセンターといった国際機関等を経由し、食料や医薬品、シェルター等の提供、さらには、水・衛生インフラ、栄養改善、医療サービス、教育アクセス、違法薬物対策等の支援を実施（外務省ＨＰ）。
（注7）ＷＦＰミャンマー緊急支援ウェブサイト：https://ja.wfp.org/emergencies/myanmar-emergency
（注8）たとえば、Martin Michael "Rethinking Humanitarian Assistance to Myanmar" CSIS 29 November 2023
（注9）二〇二四年一〇月二〇日付ＢＢＣ。
（注10）Paliwal Avinash "Could Myanmar Come Apart? " Foreign Affairs Jan.24, 2024
（注11）Anguelov Nikolay "*Economic Sanctions vs Soft Power*" 2015, pp34-35
（注12）二〇二四年二月一日付外務大臣談話（外務省ＨＰ）。
（注13）Statement attributable to the Spokesperson for the Secretary-General on Myanmar 31 January 2024

第7章
国連改革の行方

国連改革と安保理改革

今日、国際社会は紛争やテロ、核、貧困、難民、気候変動、感染症など、国境を越える様々な課題に直面している。そのなかで国連が諸課題の解決にどのように役割を果たせるのかがあらためて問われている。冷戦後は脅威の顕在化、多様化のなかで国連、とくに安保理への期待も一層増した。とくに、頻発する紛争に対して、国際の平和と安全の維持を第一の目標に掲げる国連にとって、国際安全保障分野における期待と責任はとくに大きなものがあったといってよい。背景には冷戦終結により、米ソの拒否権行使の応酬がひとまずはやむのではないかとの見通しから、安保理の活性化が期待されたという変化がある。たしかに、冷戦後の安保理で採択された決議の数と安保理常任理事国による拒否権の数をみると、冷戦期に比べ決議の数は明らかに増加している。安保理における拒否権の回数については、これまで三一四回の拒否権が行使されてきたが（内訳は、中国二二回、ロシア〔旧ソ連時代含む〕一五三回、フランス一八回、アメリカ九二回、イギリス三〇回。二〇二四年一一月二〇日現在）、冷戦後の拒否権行使の数は冷戦期に比べれば相対的に減っている。とくに、フランスとイギリスは一九九〇年以降、拒否権を行使していない。

しかし、ウクライナ戦争、イスラエル・ガザ紛争への対応をめぐって安保理が機能を果たせない現状を前に、安保理への信頼が揺らいでいる。そのことは同時に安保理改革の必要性を訴える議論につながっている。そして、それがイコール国連改革であるかのように論じられることさえある。そのくらい安保理改革への声が高まっていることは確かである。しかし、国連改革はより広い概念であって、安保理改革はあくまで国連改革のひとつである。安保理改革は国連改革とイコールではない。また、安保理改革が平和・安全保障分野の改革とイコールでもない。しかし、いずれにしても安保理改革が早急に手をつけなければならない国連改革の重要な柱であることは間違いない。そこで本章では安保理改革をはじめとする国連改革について考えてみたい。

国連改革を機能面と制度面に分けるとすれば、平和・安全保障分野における改革はどのように整理し進めればよいのであろうか。まず機能面の改革については、端的には国連においていかに紛争を予防し、解決する能力を強化するかということになろう。同時に紛争の平和的解決や軍縮、軍備管理の推進と強化なども重要な課題となる。一方、安保理改革を安保理という組織や制度の改革ととらえれば、それは制度面の改革に位置するテーマであるともいえる。しかし、安保理の組織、制度改革が同時に平和・安全保障機能の向上をもたらすとすれば、機能面と制度面の改革は別の話ではなく密接に連動している問題でもある。一方、平和・安全保障機能の向上のための制度改革は安保理の改革だけでもたらされるものではないことも確認しておく必要がある。

したがって、平和・安全保障機能の向上のためには安保理以外の機関も含めた諸機関の改革も必要となる。このことは、安保理改革を憲章改正を伴う形で実現しようとする場合は一層重要な意味合いをもってくる。なぜなら、憲章改正自体が手続き上、常任理事国の全会一致の要件を含む点においてきわめて容易ではないからである。そうであるとすれば安保理の改革だけにとどまることなく可能な改革の道筋はあるのか、もしあるとすればどのようなものかということまで射程に入れて検討することが一層必要となる。

改革論議の経緯

平和・安全保障分野の改革はすでに国連創設の初期からみられた。たとえば、一九四八年から五〇年にかけて、総会の「中間委員会」においては紛争解決能力の強化が検討されている。その後、ＰＫＯの登場も受けて一九六五年には「平和維持活動特別委員会」が設置され、いわゆる「ガイドライン」作成の試みもなされた。一九七五年には、「国連憲章および機構の役割強化に関する特別委員会」が設けられ、拒否権行使のあり方なども含めて検討がなされたが、これらはいずれも成果を生むには至らず終わった。

しかし、「国連憲章および機構の役割強化に関する特別委員会」が一九八〇年代に紛争の平和的解決や予防に焦点を当てて検討した役割強化案についてはそれなりに成果をあげ、『紛争の平和的解決に関するハンドブック』もつくられた。また、先に述べた一九五〇年に採択された「平和のための結集決議」はまさに安保理での拒否権行使による機能不全を回避するための打開策であったともいえる。しかし、いずれにせよ冷戦期における平和・安全保障分野の改革は、議論や取り組みはなされたものの、変革につながるような大きな成果には至らなかったといえる。

そのなかで、安保理の改革については、唯一、一九六五年に非常任理事国を国連発足当初の六カ国から一〇カ国に増やし、当初の理事国数一一から合計一五カ国となったが、常任理事国の数については変わらないまま今日に至っている。しかし、国連加盟国は五一カ国から一九三カ国にまで増加するなど大きな変化を遂げた今日、メンバー構成だけをとっても国際社会の実態を反映した安保理へと改革を進める必要があることはいうまでもない。

安保理の何が問題なのか

安保理改革については、拒否権の問題と構成メンバーの問題がとくによく指摘がなされるところであるが、これらの何が問題なのであろうか。それは、その実効性であり、正統性であり、代表性である。全会一致による機構運営の名のもとで常任理事国のみが拒否権を有すること、そしてその結果として大国（常任理事国）が事実上不可罰であることは、主権平等原則、とくに形式的平等からすれば不平等な特権である。機能的平等として説明されるとしても非民主的な制度であり、正統性を欠いているといわざるを得ない。

最上はこれを「加重主権制」という言葉で表現している（『国際機構論講義』）。そして、仮に拒否権行使が平和と安全の維持への適切な対応を妨げる結果となるとしたら、実効性の点でも問題となる。また、P5を含む九カ国以上の賛成で採択された決定が一九三すべての加盟国を拘束するとしたことで安保理の権限強化をはかったことを認めたとしても、その決議が恣意性を帯び、かつチェック機能やコントロール機能が確保されていないとすれば、それもまた正当性もしくは正統性を欠くことになる。

さらに、安保理常任理事国の構成国は国連創設当初から変わらない一方、戦後独立したアフリカ諸国や戦後、あらゆる分野で大国へと発展を遂げた日本やドイツなどは含まれないままでである。発足から加盟国が四倍近くに増えたにもかかわらず、常任理事国を含む安保理構成国の数やメンバー構成が実際の国際社会を反映していないとすれば代表性に欠けることになり、それは正統性の欠如にも通じる。これらの問題に加えて、安保理での審議や意思決定過程における透明性や公開性の問題もある。また、安保理に限らず国連全体の課題でもあるが国家以外の多様なアクターが台頭するなかで、加盟国、理事国のみでなされる意思決定過程にそれらアクターの関与や参画を考える必要はないのかなど様々な課題が浮かび上がる。安保理改革とはこれらを含んだ包括的な問題であるのである。

安保理改革の具体案

これらの安保理改革の議論が国連で高まるのは冷戦終結後、一九九〇年代に入ってからとなる。冷戦後、安保理改革が国連での中心案件となり、とくに途上国からの要求に加え、日本やドイツなど「大国」となった国が常任理事国化を求めたことを受けて、一九九三年、国連総会決議で安保理改革に関する作業部会が設立された。そして、一九九七年にラザリ国連総会議長が常任理事国を五議席（先進国から二、途上国から三。ただし、新常任理事国に拒否権なし）、非常任理事国を四議席増やす具体的な改革案を提案し、改革の具体案作成に向け機運が高まった。二〇〇四年には、ハイレベル・パネル委員会報告書において安保理改革に関する具体案として、A案、B案が提案された。この「ハイレベル委員会」報告書および「ミレニアム・プロジェクト」報告書をふまえて二〇〇五年、アナン国連事務総長の国連改革報告書である『より大きな自由を求めて』が公表された。

報告書は(1)欠乏からの自由（開発）、(2)恐怖からの自由（平和と安全）、(3)尊厳をもって生きる自由（人権および法の支配）、(4)国連の強化（国連の機構改革）からなるが、(4)国連の強化のなかでハイレベル・パネル報告書を受けて具体的な安保理拡大案が提案されている。それによると、A案は、常任理事国を六カ国増やして一一カ国とし、非常任理事国を三カ国増やして一三カ国とし、全体で二四カ国とするものである。ただし、新常任理事国に拒否権は与えられない。B案は、常任理事国五カ国は変わらず、新たに拒否権はなく再選可能な四年任期の準常任理事国を八カ国設け、非常任理事国は一カ国増やして一一とし、全体で二四カ国とする案である。

アナン事務総長はアナン報告にもとづく両案、あるいはそれ以外の提案をもとに安保理改革を進めるよう加盟国に求めた。その結果、二〇〇五年七月に複数のグループが拡大案を国連総会に提出した。おもな改革案としては、G4案、UFC案、AU案、L69案の四つである。G4案は、日本がブラジル、ドイツ、インドと連携して提出した案で、常任理事国を六カ国、非常任理事国を四カ国増やす案で、新常任理事国には一五年間の拒否権の留保を付したが、アフリカ連合によるＡＵ案は新常任理事国に拒否権を付与するというものであった。ＵＦＣとはイタリア、アルゼンチン、韓国、パキスタンなどＧ４に対抗する立場のグループ（コンセンサス・グループ）で、ＵＦＣ案は非常任理事国のみの拡大を主張するものである。小国から構成されるＬ69案は基本的にＡＵ案と変わらないが、小島嶼国に対する非常任理事国の議席枠を明記している点が特徴である。

これらの案は結局二〇〇五年九月の総会終了とともに廃案となったが、国連首脳会合の成果文書において。全加盟国の首脳が「早期の安保理改革」への支持を表明した。議論はその後も継続され、二〇〇八年九月の総会での決定を受けて、二〇〇九年二月から政府間交渉が始まった。しかし、議論の進展がみられないなか、日本はＧ４として外相会合の継続をはかりながら安保理改革に向けて連携を確認、強化してきているものの改革には至っていない。結局、各国の利害や思惑の対立が安保理改革を妨げているとともに、これらの改組には国連憲章の改正が必要となる。

しかし、それは容易ではない。なぜなら、憲章改正に関する第一〇八条は、「この憲章の改正は、総会の構成国の三分の二の多数で採択され、且つ、安全保障理事会のすべての常任理事国を含む国際連合加盟国の三分の二によって各自の憲法上の手続に従って批准された時に、すべての国際連合加盟国に対して効力を生ずる。」と規定しているため、ここでも拒否権が立ちはだかるからである。そのようななか起きたのが、ウクライナ戦争であり、イスラエル・ガザ紛争であった。

ウクライナ戦争の経緯と国連の対応

ウクライナ戦争、イスラエル・ガザ紛争の勃発と両紛争への国連の対応は、安保理常任理事国が当事者もしくは関係する紛争に対して、安保理が決議の採択という点で実効性を発揮することができないことをあらためて浮き彫りにしたが、同時に新たな変化や今後につながる方策もみることができる。ここでは、両紛争への安保理の対応からみえる課題と可能性について考えてみたい。

二〇二二年二月二四日のロシアによるウクライナへの軍事侵攻を受けて、安保理は翌二五日、ロシアによる侵攻について最も強い言葉で遺憾とするとともに、ロシア軍のウクライナからの即時撤退などを求める決議案の採決を行った。しかし、ロシアの拒否権行使によって採択されなかった（賛成一一、反対一〔ロシア〕、棄権三〔中国、インド、アラブ首長国連邦〕）。そこで、安保理は二月二七日、国連総会に対し「平和のための結集決議」にもとづいて緊急特別会期の開催を要請することを決定した。

国連総会は、緊急特別会期の本会議を二月二八日に開催し、三月二日にロシアによる侵攻を非難する決議を圧倒的多数で採択した。内訳は、賛成一四一、反対五、棄権五であった。三月二四日にはウクライナの人道状況の改善を求める決議が採択され（賛成一四〇、反対五、棄権三八）、四月七日には、ロシアの人権理事会の資格停止決議（賛成九三、反対二四、棄権五八）が、一〇月一二日には、ロシアによる四州の併合を非難し、ウクライナの領土保全と国連憲章の諸原則を擁護する決議（賛成一四三、反対五、棄権三五）が、一一月一四日には、侵攻に対する救済と賠償を求める決議（賛成九四、反対一四、棄権七三）が採択された。また、二〇二二年五月六日に侵攻開始以降初めて採択された安保理議長声明では、平和的解決に向けた国連事務総長の尽力を強く支持すると述べられた。しかし、この声明にはロシアを非難する表現は盛り込まれなかった。

二〇二三年に入るとロシアのウクライナ侵攻から丸一年となるのに合わせて二月二三日に開催された緊急特別会合で、侵攻を非難する決議案が賛成一四一、反対七、棄権三二の圧倒的多数で採択された。決議は、国連憲章に規定する武力行使禁止および国際紛争の平和的解決の義務に触れ、武力による威嚇または行使から生ずるいかなる領土取得も合法的なものとして承認してはならないことを再確認した上で、憲章に沿った包括的、公正かつ永続的な平和を可能な限り早期に達成する必要性を強調した。また、ロシア軍の即時・完全・無条件の撤退を改めて要求するとともに、ウクライナの重要インフラに対する攻撃や、住居、学校および病院を含む民用物に対する故意の攻撃の即時停止を要請した。

そして、ウクライナ領域内で犯された戦争犯罪について、適切、公正かつ独立した「調査と訴追」を通じて責任を追及する必要性が明記された。ウクライナ侵攻に関する過去五回の総会決議には、戦争犯罪に対する「調査と訴追」が盛り込まれたことがなかったが、本決議で初めて明記されることになった。安保理も二月二六日に閣僚級会合を開き、日米欧などはロシアの戦争犯罪の「調査と訴追」の必要性を盛り込んだ決議が国連総会で採択されたことを歓迎し、ロシアの責任を追及していく構えを強調した。これに対して、ロシアは反発し、中国もロシアへの圧力を批判した。

しかし、ウクライナ侵攻から二年となる二〇二四年二月二四日に合わせて二三日に開かれた国連総会では、日米欧が相次いで登壇し侵攻を糾弾したが、対ロシア非難決議案の提出は見送られた。その背景には、二〇二三年一〇月に始まったイスラエルとハマスの戦闘以降、各国の関心がガザに移った上に、ガザで軍事作戦を続けるイスラエルをアメリカが拒否権を使って繰り返し擁護するなかアメリカの求心力が陰りを見せ、賛成票を減らしかねないことへの懸念があったものとみられる。さらに、二〇二四年七月一一日、国連総会は、軍事侵攻を続けるロシアに対してウクライナ南部のザポリージャ原子力発電所からの撤退と原子力施設の安全確保などを求める決議案を採択した。本決議は、二〇二二年二月のロシアによる軍事侵攻以降、国連総会で採択されたロシアに対する決議としては七回目となる。しかし、九九カ国が賛成する一方、ロシアや北朝鮮など九カ国が反対、中国やインドなど六〇カ国が棄権するなど、長期化する戦争のなかで国際社会の分断が改めて浮き彫りになったといえる。

その他の動きとしては、グテーレス国連事務総長も、ロシアによるウクライナ侵攻以降、様々な声明を発表する一方、ロシアおよびウクライナを自ら訪問するなど事態の打開のために精力的に動いた。侵攻当日には、ロシアによる軍事侵攻は国連憲章と相反すると述べ、三月二二日には即時停戦を要求、三月二八日には人道停戦に国連が仲介に乗り出す考えを表明した。また、侵攻から一年を迎えるにあたっては、ロシアによるウクライナ侵攻は国連憲章および国際法に違反していると述べ、核兵器使用を巡るロシアの脅迫を非難した。二〇二四年二月二三日、侵攻から二年を迎えるにあたっても事務総長はロシアの行為は国際法と国連憲章に違反していると改めて非難した。また、ＩＣＪ（国際司法裁判所）が二〇二二年三月一六日、ロシアに対して直ちに軍事行動をやめるよう命じる暫定措置命令を出したことについては、先にも触れたとおりである。

イスラエル・ガザ紛争の経緯と国連の対応

次に、イスラエル・ガザ紛争における国連の対応について整理しておきたい。二〇二三年一〇月七日、ハマスの攻撃開始を受けてイスラエルによる空爆が開始され、九日にはガザ地区を完全封鎖した。こうした事態を受けて、ハマスによる軍事攻撃の翌日、安保理は緊急会合を開き、四本の決議案が審議されたが、いずれも否決された。そこで安保理は国連総会特別会合の開催を総会議長に要請し、第一〇回緊急特別総会が開催された。そして、一〇月二七日、「持続的な人道的休戦」やイスラエルが占領国としてガザ北部の住民などに出した避難命令の撤回、国際人道法にのっとった文民の保護などを内容とする決議を採択した（賛成一二一、反対一四、棄権四四）。一一月一五日、安保理の緊急会合が開催され、「人道的一時停戦」と人道回廊の確保、即時かつ無条件の人質の解放などを含む決議が採択された。これら両決議には、ハマス非難や自衛権に関する文言は含まれなかった。

一一月二四日には、戦闘の一時停止が合意され、ＯＣＨＡ（国連人道問題調整事務所）が支援物資の輸送を発表、人質の一部も解放されたが、一二月一日には戦闘が再開したことを受け、一二月八日、安保理の緊急会合が開催された。そこにおいて「人道的即時停戦」などを求める決議が提出されたが、アメリカの拒否権により否決された。そのため、国連総会緊急特別会合が開催され、一二月一三日、決議案が採択された（賛成一五三、反対一〇、棄権二三）。決議には、アメリカが拒否権を行使した「人道的即時停戦」が含まれていた。続く一二月二二日には、安保理の緊急会合が開催され、「持続的な敵対行為の停止」に向けた条件の構築が求められるとともに、支援物資の監視や調整を行う上級調整官の任命が要請された。

明けて二〇二四年二月二〇日、安保理は「即時の人道的停戦」などを含む決議案を提出したがアメリカの拒否権によって否決された。これに対し、アメリカは対案として「一時停戦」を支持する決議案を提示した。この決議案は否決はされたが、アメリカが今回の紛争で初めて「一時停戦」を求める決議案を提出したことは、イスラエル寄りのアメリカが孤立化のなかでみせた変化として注目される。さらに、三月二二日にアメリカが提出した独自の決議案には「即時かつ持続的な停戦」が不可欠であるという文言が含まれていた。決議は否決されたもののアメリカが拒否権によって反対し続けてきた「即時停戦」という言葉を自ら決議に盛り込んだことは、イスラエルに対する圧力を強めようとするアメリカの態度の変化を示すものである。そして、三月二五日、即時停戦と人質の即時かつ無条件の解放などを求める決議案が採択された。これは安保理によって採択された初の「即時停戦」という文言を含む決議であった。

さらに、六月一〇日、アメリカが提案し、イスラエルによる停戦の提案を歓迎する決議案が採択された。拒否権を行使して決議を葬り去っていた常任理事国であるアメリカが態度の変化をみせたことで幾度か停戦決議の採択に至ったことは注目される。その背景にあると考えられるのが、その時々の総会における投票行動を通じて大国に影響力をもつようになった国際社会の勢力、とくに「グローバルサウス」と呼ばれる国々の動きである。たとえば、先ほど述べた二〇二三年一〇月二七日の総会決議と一二月一三日の総会決議では、短期間で賛成票が三〇票近く増えている。そこには、ロシアのウクライナ侵攻を非難する一方、イスラエルのガザ侵攻を擁護する欧米のダブルスタンダードに対して批判的なアラブ諸国を中心とするグローバルサウスの動きが影響を与えているように思われる。

また、総会の他に安保理でのP5の投票行動に影響を与えうる存在として、事務総長のイニシアチブをあげることができる。先ほど述べた一二月八日に開催された安保理緊急会合に際して、安保理に停戦を求めるよう要請したのは国連事務総長であった。

さらに、ウクライナ戦争とともにイスラエル・ガザ紛争においてもICJが重要な役割を果たしている。先に述べたように、二〇二三年一二月二九日、南アフリカがイスラエルをICJに提訴した件に関し、二〇二四年一月二六日、ICJは暫定措置命令を発出した。また、南アフリカがイスラエルによるパレスチナ自治区ガザ地区南部ラファでの軍事作戦停止をICJに要請した件をめぐっては、二〇二四年五月二四日、イスラエルにガザ地区南部ラファでの軍事作戦の停止を求める暫定措置命令を発出、七月一九日には、イスラエルによるパレスチナの占領政策が国際法に違反し、イスラエルにはユダヤ人の入植活動を停止する義務があるとする勧告的意見を出すなど、紛争に関与していることがわかる。これら国連機関も安保理の機能不全を補完する役割を果たしているといえる。

このような中、二〇二五年一月、カタールの仲介でイスラエルとイスラム主義組織ハマスの双方がガザでの停戦と人質解放について合意に達したことにより事態が動きを見せ始めたことは、序章で述べたとおりである。

総会による説明責任の試み

ウクライナ戦争に戻るが、安保理の拒否権行使に対する対応として注目されるのは、二〇二二年四月二六日、安保理で拒否権を使った常任理事国に国連総会での説明を求める決議案（A/RES/76/262）が総会でコンセンサス（意見の一致による無投票）で採択されたことである。強い賛意を示す「共同提案国」は約八〇カ国に上り、常任理事国のアメリカやイギリス、フランスの他、日本や韓国などが名を連ねた。決議の内容は、拒否権の行使から一〇日以内に総会を開くこと、行使国に優先的に演説させること、総会開催の七二時間前までに安保理に拒否権行使についての「特別報告書」の提出を求めることなどである。実際に説明するかは行使国の判断に委ねられ、拒否権の行使を制限するものではないが、強大な権限の説明責任を強める狙いがある。

これまでも「平和のための結集決議」をはじめ、常任理事国の棄権や欠席の場合には拒否権行使の効果を認めないという慣行の確立などいくつかの方法が編み出されてきている。その他、大規模な人権侵害などにおける拒否権行使の禁止、二カ国以上の行使の場合にのみ効力を認める案など、安保理の拒否権への対応や制限についてはいろいろな改革案が出されてきたが、多くが実現に至らなかったなかで、今回の決議のもつ意義は大きい。

この決議の意義は、拒否権の発動そのものに制限を加える点にあるのではなく、安保理での常任理事国の投票行動について、総会のすべての加盟国の前で説明することを求めるという説明責任のプロセスを課すことにある。それによって説明が難しい拒否権の行使を抑制し、「国際の平和と安全の維持」に主要な責任を担う安保理において常任理事国が憲章目的に照らして適切な投票行動を行うことを求めることが期待されている点にある。ある意味で、安保理の行動に対する総会によるチェック機能ともいえる。

国連総会

実際に本決議採択後、六月八日に国連総会は、安保理で五月二六日、中国とロシアが拒否権を行使して北朝鮮への制裁を強化する決議案を否決したことについて、両国から説明を受ける会合を開いた。また、二〇二三年七月一九日、ロシアがシリアに対する人道支援に関する安保理決議案に拒否権を行使したことについて国連総会が招集され、その場で総会議長はロシアを批判し、欧州を中心に多くの国が非難の声を上げた。

しかし、前者については中ロ両国とも、制裁強化は状況を悪化させるだけだと主張、後者については、ロシアの国連次席大使は「決議案の目的はシリアの人々を助けるのではなく、西側諸国がシリア政府に対する圧力を維持することだ」と主張し、行動を正当化した。たしかに、これらの案件だけから決議の有効性をはかることは難しい。その効果については今後の実行の蓄積と検証が求められるが、憲章改正を経ない形で拒否権行使に影響を与えうる方策として注目することができるとともに前進であるといえる。

分かれる国連観

さて、ここまで安保理改革を中心にウクライナ戦争やイスラエル・ガザ紛争における国連の対応にも焦点をあてて述べてきた。しかし、先に述べたように安保理改革は国連改革の中心的なテーマであることは間違いないが、イコール国連改革ではない。国連の存在意義をより広い意味での「平和」や世界秩序の構築と考えるならば、安保理改革自体が容易ではないが、安保理という組織や制度を改善すれば少しはましになるという話にはとどまらないはずである。今、あらためて国連に問われているのは国連そのものの存在意義であり、安保理改革を含むより広い視座からの改革のビジョンと方向性であるように思われる。

国連改革という場合、それは国連という国際組織の存在を認め、大前提としたうえで、それの不具合を修復し、よりよいものに改革すべきであるという意味合いで使われている言葉であるともいえる。しかし、国連そのものの存在を問い、そもそも国連が限界を有しているのならば新たに別の組織をつくるべきではないかといった考えや、むしろ世界政府のようなものをつくった方がよいのではないかといった考えもなかにはみられる。もっとも、国際的な機構は先に触れたように定義上も様々で多岐にわたり、そのなかで「平和」に関わる組織や団体は数多く存在する。それら多様なアクターが協力、協調し合うなかでしか「平和」の道筋は見えてこないともいえよう。

したがって、国連が唯一無二の存在でないことはいうまでもないし、本書もそのような意味での国連中心主義や国連理想論に立つものではない。同時に国連無力論や無用論にも立たない。そして、そもそも国連をどのようにみるのか、すなわち国連観によってその評価は変わってくる。現実にも国連観自体が大きく分かれているのが実際のところでもある。それら国連観の両極にあるのがいわゆる国連理想論と国連無用論であるともいえる。

そのうち、かつて武者小路公秀が日本人の国連観をたとえて「受動的国連信仰」と呼んだように、日本（人）はこれまで理想主義的な国連観をもってきたように思われる。それは、国際連盟脱退から孤立化への道をたどり、敗戦に至った歴史的経験に根ざしていることは間違いなく、国連加盟は国際社会への復帰のための悲願であった。一九五六年（昭和三一年）一二月一八日、日本が八〇番目の加盟国として国連加盟を果たした翌一九五七年の外交青書（当時は『わが外交の近況』というタイトル）では日本外交の三原則として、「自由主義国との協調」、「アジアの一員としての立場の堅持」とともに「国連中心主義」を掲げたのはそのことを象徴するものである。しかし、期待はある意味で失望と表裏の関係にもある。ウクライナ戦争直後に実施された世論調査で「日本政府は何に注力するのがよいか」との質問に対し、「国連との協調」が最下位の六位（二・七％）であったことは失望感の表れでもあり、日本の国連観にも変化が起きているともいえる。

一方、国連観において対極にあるのが現実主義的な国連観であり、アメリカや大国の国連観に近いともいえる。すでに述べたように、国連が第二次大戦の戦勝国によってつくられた歴史的経緯やそもそも国連は国家の上にある組織ではないことからすれば、こちらの方が実態に即しているといえる。その国連観においては、国連は自国の主張や利益にかなうとみた場合は近づいて活用し、そうでないとみた場合には距離を置いたり背を向けたりするという行動につながりやすい。

一九八〇年代、たとえばユネスコのような専門機関が反イスラエル傾向の姿勢からパレスチナ難民への教育援助を行うなど当該機構の活動目的とは直接関係しないような政策を通じて専門機関や事務局が「東」や「南」の国々と結託し、「反西側」もしくは「反米」姿勢をとる「政治化」という動きがみられた。それに対して不満を抱いたアメリカがユネスコを脱退したり、額において第一位を占めるアメリカが分担金の不払い政策をとった例などは、そのような国連観を象徴するものである。

その意味で、露骨な言い方をすれば、「国連は大国の道具」であり、政治的な駆け引きの場である面は否定できない。とくに安全保障分野においては、機能の実効性は国連と大国（とくにP5）との距離感によって決まるともいえる。奇しくもアメリカの国際政治学者リチャード・フォークが、「国連は大国の支持がなければ有効性を失うが、大国を抑制できなければ正当性（正統性）を失う」と述べているのは的を得ている。その意味で国連は難しい立ち位置に置かれているともいえる。いずれにしても大事なことは、過度な理想論も無用論も正しくはないということであり、等身大の国連観に立ったうえで国連を理解し、国連改革を論じることが必要であるということである。

世界政府か国連か――カントの平和構想

そこで国連の存在および必要性を前提として国連改革の話を進めるうえで、国連以外の組織や世界秩序を構想する際に時として出てくる議論について簡単に触れておきたい。そのひとつがいわゆる世界政府もしくは世界国家のようなものをどう考えるかである。世界政府をめぐっては様々な説や考え方があるが詳細には立ち入らない。ここでは国際連盟の生みの親でもあり現在の国連の源流ともいえるカントの『永遠平和のために』で示された平和構想について、そのなかで述べられた「世界国家」か「平和連合」かの議論について簡単にみてみたい。

一七二四年、プロイセン王国の東プロイセン、ケーニヒスベルクで生まれたカントは、一七九五年、フランスとカントの母国プロイセン王国との間に結ばれた講和条約であるバーゼル平和条約が秘密条項を多く含む停戦条約のような内容であったことに強い不信を抱き『永遠平和のために』を著した。同書は、六項目の予備条項と三項目の確定条項、二つの追加条項などからなるが、カントは、平和は道徳的な理想から生まれるものではなく、ルール（法）とそれが守られる社会の仕組みづくりこそが社会を平和へと導くと考え、その具体的な方法を提示した。そして、永遠平和を保障する条件として共和政国家であることをあげたうえで、自由な共和政国家が独立した単位として世界共和国を形成することができれば、永遠平和の維持にとって最も理想的であるとした。ここに後の国際連盟、国連、そしてヨーロッパ連合（EU）にいたる国際機構の理念の源流がみられる。

カントも国際社会を分権的で法の強制力に欠ける自然状態の社会であると認識していたが、「これは国際的な連合であるべきであり、国際的に統一された国際的な国家であってはならない」（第二確定条項）として、「世界国家」を作ればよいとは考えなかった。ではなぜカントは「世界国家」を否定したのか。その理由として、民族、人種など歴史的、文化的な何らかの共通項のもとで人々が集団（＝国家）を形成し、法組織体を形成しているという事実性を無視してどんな立派な理想を掲げても問題の解決にならないとカントは考えた。また、世界国家をつくることによって、結局そのなかで支配する民族と支配される民族という分断が生じてしまい、植民地支配と結果的に変わらなくなってしまうことを懸念した。

エマヌエル・カント（1724-1804年）

カントは、固有の言語や宗教の重要性を重視し、世界国家がつくられると現実的には強者の論理が働いて、ひとつの言語が支配する世界になっていくと考えた。宗教でも同じで、強国の宗教的価値観が他の価値観を飲み込んでいくことを危惧した。さらに、「世界国家」はアイデアとしてはよくても、自分の国を解体してまで世界国家に入ることを断る国家や入っても抜けたいという国が出ることもあるとした。

今日の主権国家体制において、果たして国家が主権を手放して世界政府に委ねて世界国家をつくろうとするかということを考えれば実現可能性においても納得がいく。そして、世界国家を「積極的な理念」、平和連盟を「消極的な理念」と呼んで、「消極的な理念こそが世界を平和に導く」と考えた。つまりカントは、積極的な理念は、目的が手段を正当化する方向に向かいやすいため、積極的な理念には危険が潜んでいると考えたのである。

たしかに、地域的機構としてのEUは、ある意味で歴史上、ヨーロッパがたびたび戦場となってきた苦い経験をふまえ、ヨーロッパにおける統合を通じて不戦共同体の構築を目指して出発し、現在その途上にある超国家性を有する機構ではある。しかし、宗教や社会、経済、文化的に同質性があるというヨーロッパという土壌ゆえにその実験が成り立つともいえる。そして、イギリスのEU離脱に見られるようにその道のりは平たんではなく紆余曲折の歴史でもある。まして、世界政府のような超国家的組織が世界的規模で実現可能か、また望ましいかを考えるとき、慎重にならざるを得ない。

さらに、世界国家の構想の基本にあるのは、主権国家を解体すれば戦争はなくなるであろうという思想ともいえるが、今日のような内戦や民族紛争、テロなど様々な紛争や暴力形態がみられることを考えれば、国家を解体すれば紛争や問題がなくなるという単純な話にはならないであろう。そう考えれば、今ある国連をどう改革していくかを考えるのがより現実的であるように思われる。もっとも、安保理に代わる機構としてG7（先進七カ国首脳会議）のような会議体を活用、さらには発展させるべきとの意見もある。たしかに、ロシアや中国のような権威主義的な国家に対して、G7のような枠組みは自由や人権、民主主義という価値を共有している点で国際平和機構として有用であるとの考えもありうる。

一方、これに対しては、効率的だが西側の仲間内の集合であって、民意との整合性も欠如していることから公正で客観的な「世界政府」の代用にはなりえないとの考えもある。現実にも、価値観を共有する欧米や日本などに対して、それに対抗する中ロなどの勢力が対峙し、さらにいずれにも与しないグローバルサウスのような勢力の台頭がみられる昨今の世界は、対立と分断を一層深める傾向にあるともいえる。その意味において、一層国連の存在意義が浮かび上がるとともに改革が求められるといえよう。

その存在意義とは機構の有する普遍性である。一九三の加盟国を有する普遍的で包括的な組織は国連以外にはない。国連は国家を超える存在ではないが、国家をつなぐ普遍的な組織として、特定国家の利害や単独主義を超えて、交渉と協議によって国際社会の合意を形成しながら地球的な諸課題に対処するマルティラテラリズムにその本質があるといってよい。

第8章
国連の課題と未来への展望——改革の三つの方向性

今後の国連改革の方向性を考えるとき、大きく三点があげられる。

第一は、国連における国家間の不平等を是正すること、すなわち国家間の民主化である。その中心が安保理改革であることは間違いない。そして、国家間の民主化、すなわち主権平等の実現に加え、国連を構成する加盟各国の民主化と民主主義の定着をどう図るか、である。もっとも、このこと自体は国連改革そのものではない。また今日、民主主義そのものが揺らぐ中でそのあり方が問われていることも事実である。しかし、カントが多国間主義を提唱するにあたって「自由な諸国家の連合」と述べたように、各国の民主的な政治体制の確立は、グッド・ガバナンス（良い統治）に基づくグローバル・ガバナンスを考える上では大事な課題である。

第二に、主権国家の集合体としての国連をどのように変化する国際社会の実態に即した組織としていくか、すなわちグローバルな地球社会を反映した国連の民主化である。具体的には、NGOをはじめとする市民社会の参画であり、国連のパートナーシップの構築である。

第三に国連における「平和」や安全保障をどのように定義し目的とするか。すなわち、地球環境との共生をはかりながら、国家を超えて一人一人の人間の自由や平等、人権が守られる平和で持続可能な社会を国連を通じてどう築いていくかということである。

『平和への課題』と平和構築

第一の点について、安保理改革についてはすでに述べたのでここでは繰り返さないが、いずれにしても安保理における常任理事国制度が固定化され、P5の特権が既得権化されている非民主的な状態については改革が急務である。その上で、加盟各国の民主化に関して国連が大きく関与しうる分野として、ここでは改めて冷戦後の平和構築の取り組みと改革について触れておきたい。なぜならば、平和構築とは紛争後の国家の復興・再建に向けての国連をはじめとする国際社会の取り組みであるが、民主化支援はその目的の重要な柱の一つであるからである。

冷戦後の国際社会における平和をどう構築し、国連の機能を強化していくか。このような機運のなかで一九九二年六月に発表されたのが、ガリ国連事務総長が提出した報告書『平和への課題』である。

本報告書は、冷戦終結を受けて活性化した国連による国際社会の平和と安全への積極的な取り組みの姿勢を示すものであった。報告書のなかにおいて、事務総長は、紛争の発生から収束、国家の再建にいたるまでを時系列に沿って、①「予防外交」(preventive diplomacy)、②「平和創造」(peace-making)、③「平和維持」(peace-keeping)、④「紛争後の平和構築」(post-conflict peace-building)の四段階からなる一連のプロセスとして類型化した。これらは国連の紛争処理に関する諸手段としては、紛争の平和的解決をめざすアプローチとして位置づけることができる。

他方、国連の強制的解決に関するアプローチのうち、とくに軍事的措置をさして「平和強制」(peace-enforcement)という用語が一般的に用いられている。これら諸手段からいえることは、紛争の平和的解決と平和強制という国連憲章が想定した二つのアプローチの枠組みを維持する一方で、内戦等、「平和」概念が国家間紛争の解決にとどまらない領域にまで拡大したことをふまえて、国際社会が紛争後の国家の再建にまで関わる「平和構築」という概念を積極的に打ち出したことである。

平和構築の概念については、「紛争の再発を防ぐために平和を強化、固定化するのに役立つ構造を確認し、支援する行動」との定義や、「紛争の勃(再)発を防いで永続的な平和を作り出すための活動」とする定義など様々であるが、平和構築が重視されるようになった背景には国際社会が紛争後の国家の復興、再建にまで関与しなければテロなどの温床になり、国際社会の不安定化をもたらすとの認識がもたれるようになったことがある。

平和構築の概念は、従来の国連の平和維持活動（ＰＫＯ）の発展のなかで形成されてきたものであるが、冷戦後のＰＫＯの複合化、多機能化という変化のなかで、ＰＫＯが内戦終結後の和平プロセスに組み込まれるようになった。そのことにより、従来の軍事的役割に政治的役割が結びつき、ＰＫＯに多様な任務が期待されるようになったもので、第二世代のＰＫＯともよばれるものである。その後、アナン事務総長は、平和構築を政治的、非政治的領域の双方を含む活動としたうえで、様々な国連諸機関が担う平和構築活動の統合化を考えた。

そして、平和・安全分野における包括的な見直しのためにアナン事務総長の諮問を受けて、ラクダール・ブラヒミ（アルジェリア元外相）を議長とする「国連平和活動に関する委員会」が二〇〇〇年に発表したのが、いわゆるブラヒミ・レポートである。ここでの「平和活動」という言葉は、紛争予防、平和創造、平和維持、平和構築を包括する概念を指している。そして、平和維持と平和構築については、「平和維持部隊は平和構築活動を可能にするために治安を確保し、平和構築の担い手たちは政治、経済、社会の変化を支援し、紛争後の安定した環境の持続化をはかることによって、平和維持部隊の撤退を可能にする」と述べ、両者が密接不可分の関係にあるとしている。レポートでは、具体的な取り組みとして、元兵士の市民社会への復帰、法の支配の強化、人権侵害の監視、教育、調査を通じた人権状況の改善、選挙支援等の民主化支援などをあげている。

アナン報告と平和構築委員会

いずれにしても、平和構築は政治的・社会的・経済的課題の改善を包含する活動として統合的に取り組む必要があると考えられたが、これまでは様々な部局や機関がそれぞれの立場から十分な調整がないまま並列的に取り組んできた結果、活動の重複や資金、人材の拡散などの問題が指摘されていた。

そのようななか、二〇〇三年のイラク戦争を受けて、アナン事務総長の諮問機関として平和・安全保障分野の改革に関する「ハイレベル委員会」が設置された。そして、翌二〇〇四年一一月に発表された報告書『より安全な世界――我々の共有の責任』において、平和構築を専門に担当する政府間機関として平和構築委員会(PBC)の設置が提言された。翌二〇〇五年三月にはハイレベル・パネル報告書と二〇〇五年一月のミレニアム・プロジェクト報告書をふまえたアナン事務総長報告書『より大きな自由を求めて――すべての人のための開発、安全保障および人権』が発表された。そのなかでも平和構築委員会の新設が支持、提案され、二〇〇五年九月の国連首脳会合で採択された成果文書に平和構築委員会の設立が盛り込まれ、同年一二月に総会と安保理両機関の下部組織として設置されることになった。

その他、アナン報告書では、平和・安全保障に関して、「恐怖からの自由」と題する箇所のなかで様々な提案を行っている。その背景には、安保理で十分な合意が形成されないまま二〇〇三年にイラク攻撃が始まったことで、アナン事務総長が国連の集団安全保障に危機感を覚えたということがある。そして、アナン事務総長は、アメリカの単独行動主義や先制攻撃論に懸念を示し、国連が武力行使を認めるための基準を示した。

そこでは、①脅威は深刻であるか、②提案された軍事行動の目的は適切であるか、③脅威を止める上で武力行使を含まない措置が合理的に成功しえないか、④差し迫った脅威に対し軍事手段は均衡しているか、⑤成功の合理的可能性があるかの五項目があげられている。また、先にも触れたが、報告書は虐殺など非人道的災禍から政府が自国民を保護できなくなった場合の国際社会としての「保護する責任」についても正面から採用し、二〇〇五年九月の成果文書で明記された。

国連の民主化とNGO・市民社会の参画

第二に、国連改革の方向性としての、主権国家の集合体としての国連をどのように変化する国際社会の実態を反映した組織としていくかについてである。すなわち、NGOをはじめとする様々なアクターの国連への参画やパートナーシップをどのように考えるかの問題である。

主権国家の集合体として発足した国連であるが、国連は国家以外のアクターとの連携を考えていなかったわけではない。国連創設以前に、非国家アクターは赤十字国際委員会（ＩＣＲＣ）など一九世紀から存在している。一九一九年に設立され、一九四六年に国連の最初の専門機関となったＩＬＯ（国際労働機関）では、ＩＬＯ憲章第三条一項に、「総会は、各加盟国の四人の代表者で構成する。そのうちの二人は政府代表とし、他の二人は各加盟国の使用者および労働者をそれぞれ代表する代表とする。」と規定している。第四条一項では、「総会の審議に付されるすべての事項について、各代表は、個別的に投票する権利をもつ。」とし、使用者代表、労働者代表の参加を認めていた。

しかし、ＮＧＯという言葉が初めて公式の文書に登場したのは国連憲章である。戦争によって破壊され疲弊した国際社会の安定を図るためには、主権国家が協議する場である国連に民間の団体を参加させる必要があると考えられたからである。憲章第七一条には、「経済社会理事会は、その権限内にある事項に関係のある民間団体（non-governmental organizations）と協議するために、適当な取極を行うことができる。」とあり、ＮＧＯとの協議制度を構想していた。総合、特殊、ロスターいずれかの資格を与えられ経済社会理事会と協議資格を有するＮＧＯは、経社理の会合への出席や国連事務局との協議を通じ、国連の活動に広く貢献している。その後、冷戦の影響で国家安全保障への関心が強まる一方、経済社会問題に国際社会の目は十分に向かず、ＮＧＯの国連への期待も幻想へと変わっていった。

しかし、冷戦の終結を受けて一九九〇年代前半、国連が主催した経済社会問題に関する一連の世界会議にＮＧＯが参加するなど、ＮＧＯが国際社会のなかで影響力をもつようになった。その契機となったのは、一九九二年にブラジルのリオデジャネイロで開催された地球サミット（環境と開発に関する国際会議）であった。その背景には、冷戦の終結による人権の主流化、グローバリゼーションの進展による地球の一体化、情報通信技術（ＩＣＴ）の進展によるＮＧＯの情報共有、情報収集力、情報発信力の向上などがあるといえるが、国連としても地球的課題や危機に国連が対応できなくなってきていることへの対応として国連改革の一環としてパートナーシップ構築が展開されていくことになった。ＮＧＯや市民社会との連携によって国連が新たな政治的正統性を獲得する一方、ＮＧＯにとっても正統性を高めることになったのである。

冷戦後、早速、ガリ事務総長（一九九二〜一九九六年）は『平和への課題』のなかでＰＫＯの予防展開における非政府組織の参加の可能性に言及し、『開発への課題』では一連の国連主催の国際会議の開催を通じて市民社会の強化を求めるなど、非政府組織とのパートナーシップの重要性に言及した。このような流れは、経済社会理事会とＮＧＯの協議資格の改訂を行った一九九六年の経社理決議（1996/31）にもつながることになった。

また、地球規模で人類が取り組むべき課題や国連改革案などを提言するためにガリ事務総長の指示のもと一九九二年に設置されたグローバル・ガバナンス委員会が一九九五年報告書『Our Global Neighborhood』を発表。そこでは、国連総会を補完するために加盟国の国会議員からなる「人民議会」を創設し、これに漸次、民間人を加え、総会とともに国連の立法機関とするとしたうえで、それまでの暫定措置として「市民社会フォーラム」を毎年開催し、ＮＧＯの意向を反映させるという斬新な案を提言している。

これら経社理や総会に加え、安保理へのＮＧＯの参画について注目されるのが「アーリア方式」と呼ばれるものである。これは、一九九二年、ボスニア紛争の発生に際し、聖職者が国連本部を訪問して安保理代表に面会を求めたところ、当時、安保理議長であったベネズエラのアーリア国連大使が非公式に面会したことが契機となって始まったもので、安保理理事国代表と理事国以外の政府代表、ＮＧＯとの間での非公式な会合方式のことである。非公式とはいえ、安保理という高度に政治的な機関にＮＧＯが招かれるようになったことは大きな変化であり注目できる。

また、アナン事務総長の任期中（一九九七～二〇〇六年）に発表された包括的な国連改革報告書『国連の再生』（一九九七年）のなかでもパートナーシップ構築について述べられている。報告書では、国連の財政危機の解決のために国連が「市民社会」や「他の国際機関」と協力する効果的な手段を考案しなければならないとしている。また、アナン事務総長の国連改革の一環として二〇〇三年に設置された「国連と市民社会の関係に関する有識者パネル」が二〇〇四年六月に提出した報告書（カルドーゾ報告書）のなかでも、総会や安保理へ市民社会組織が参加することによって、国連と市民社会の連携を制度的に拡充する必要があることなどが述べられている。

国連のパートナーシップ

国連のパートナーシップはＮＧＯや市民社会に限られるものではない。アナン事務総長が一九九九年、世界経済フォーラム（ダボス会議）で企業に対して提唱したイニシアチブであるグローバル・コンパクト（ＧＣ）構想はそのひとつである。これを受けて、二〇〇〇年、国連グローバル・コンパクトが発足した。グローバル・コンパクトとは、企業や団体が責任ある創造的なリーダーシップを発揮することによって、社会のよき一員として行動し、持続可能な成長を実現するための世界的な枠組み作りに参加する自発的な取り組みのことである。条約のような法的拘束力をもつものではなく企業が守るべき原則や盟約を指し、企業に対し、人権・労働・環境・腐敗防止に関する一〇原則を順守し実践するよう要請するものである。国連ではもともと多国籍企業を規制対象とするか、パートナー対象とするかで異なる多国籍企業観があった。そのようななか、国連とビジネスのパートナーシップの可能性が検討されるようになっていった。

グローバル・コンパクトの意義としては、国連が推進する規範を浸透させ実効性の向上をはかるとの要請のなかで、企業の自主的遵守によって規範の実効性を高めることが期待される。サプライチェーンやバリューチェーンを通じてそれが浸透するという点がある。また、グローバル・コンパクトは多国籍企業の進出を期待するホスト国政府にとってもODA減少の中、投資や技術を呼びこめるという点で有益である。さらに、企業にとっても、グローバル・コンパクトを事業に組み込むことで国連ブランドを活用できるという点で持続的な経営に有益であるという点などがあげられる。

さらに、地球的課題の解決に学際的な教育・研究が要請されるなかで、認識共同体の役割も増している。認識共同体とは、特定の問題についての知識や信条を共有する集団と定義されるが、具体的には科学者や専門家、政府関係者、NGOによって構成される国境を越えたネットワークのことである。そして、アメリカの国際政治学者のピーター・ハースらが唱えた認識共同体論が、科学的知見がグローバル・ガバナンスの正統性になりうることに理論的根拠を与えた。

パン・ギムン事務総長（二〇〇七〜二〇一六年）は、就任した二〇〇七年、ＩＰＣＣ（気候変動に関する政府間パネル）が第四次報告書を公表したことを受けて、気候変動問題が自身の最優先課題であると述べた。そして、二〇一〇年に「地球の持続可能性に関するハイレベル・パネル」を設置、二〇一二年には報告書『強靭な人々、強靭な地球』を発表して、環境科学と政策のインターフェースの変革を提言した。今や気候変動への取り組みは喫緊の課題であるが、地球温暖化の証拠をデータで示し、取り組みを加速させるうえでＩＰＣＣが果たした役割は大きいと言わなければならない。

また、パン・ギムン事務総長は、二〇一〇年には国連アカデミック・インパクト（UN Academic Impact）を提唱した。アカデミック・インパクトとは、国連と高等教育機関を結びつけるグローバルな取り組みで、参加するすべての大学は国連が定める「人権、識字能力、持続可能性、紛争解決」の分野における普遍的な一〇原則のうち、毎年少なくとも一つの原則を積極的にサポートする活動が求められることになる。国連は、その影響力を有識者会議体の設置やパートナーシップ構築によって活用し、実際にも課題に対処するにふさわしい科学的知見や専門知識の権威で状況を打開しようとしてきたのである。

機能不全の本質

最後に国連改革の第三の柱としてより重要と考えるのは、国連における「平和」や安全保障をどのように（再）定義し、その目的をどこに置くのかという点である。すなわち、地球環境との共生をはかりながら、国家を超えて一人一人の人間の自由や平等、人権が守られる平和で持続可能な社会を国連を通じてどう築いていくかということである。

本章では、ウクライナ戦争、イスラエル・ガザ紛争をめぐる安保理の機能不全という事態を取っ掛かりとして、国連誕生の経緯や安保理の仕組みなどもふまえた上で、事態の打開のためにどのようにすべきかについて国連改革の視点から考えてきた。拒否権が全会一致という憲章の定めた手続きにのっとって行使されたとすれば安保理による（決議の否決という）意思決定という意味では機能しているといえなくもないが、少なくとも拒否権の行使によって安保理が重大な紛争への手立てを欠き、国連の目的である国際の平和と安全の維持に責任を果たせていないとすれば、機能していないといわざるを得ないであろう。

その意味での機能不全とは端的に言えば、国連の集団安全保障体制の構想やシステムに根ざす限界の発現であり、今回の問題でそれがあらためて露呈したといえる。先にも述べたように、集団安全保障体制はもともと大国不可罰の個別主義的な未完の安全保障体制であったのである。さらに本質的な問題は、集団安全保障は安保理によって特定の国に対する強制措置の決定がなされた場合、加盟国が自国の利益を仮に損なってでも制裁に協力するという前提、すなわち平和を共有するという意思と行動のうえに成り立つシステムであるということである。しかし、それが実際に容易ではないことは、国連が当初予定した国連軍構想が日の目を見ていないことからも明らかである。

冷戦後もルワンダやスレブレニツァ、スーダンのダルフールでのジェノサイドを止められなかったという国際社会にとっての苦い経験は、軍事的な介入がいかに難しいかを物語るものである。大国によるダブルスタンダードへの指摘もみられるが、国家は国益との兼ね合いの中で国際社会への関与を決めるといわざるを得ないのである。このようななかでもすでに述べたように、国連は「平和への結集決議」の採択やPKOの創設および派遣、平和構築への取り組みなど、打開への取り組みを行ってきたことも確かである。しかし、ウクライナ戦争やイスラエル・ガザ紛争のような深刻な出来事がまた起きてしまった。第二次大戦の惨禍を繰り返さないことを誓って国連が創設されてから八〇年になろうとする今日、果たして世界戦争の記憶が薄れてしまったのであろうか。

戦争の実相と包括的な平和への取り組み

ウクライナとガザという現在の二つの戦争について考えるとき、目を向けるべきは、戦争で命を落とし、また犠牲になっている多くの人々がいるという現実であろう。そこから、国連による新たな平和への構想と改革への道筋が見えてくるように思われる。今回の戦争によってもたらされた非人道的な事態に対し、国連の様々な人道援助機関が活動を行っている。戦争を止められない国連もあれば、戦争で傷ついた人々に手を差し伸べているのも国連である。国連はそのように様々な顔をもった多面的な組織でもある。したがって、総体としての国連に目を向け、包括的視点から平和を構築していくことが重要であるように思われる。

今回のウクライナ戦争では、国連人道問題調整事務所（ＯＣＨＡ）をはじめとする諸機関が人道支援を展開している。一九九七年、アナン事務総長は国連の中核となる四つの分野のひとつとして人道を位置づけた。そして、一九九八年、国連改革の一環としての組織改編によってＯＣＨＡが設置された。戦争勃発後間もない二〇二二年三月一日、グテーレス事務総長はウクライナ戦争によって影響を受けたすべての人々を支援する旨を表明し、ウクライナ人道支援のための二つの計画を発表した。

一つはウクライナ国内の人々を対象とする支援（「ウクライナ・フラッシュ・アピール二〇二二」）、もう一つは国外へと避難した人々を対象とする支援（「ウクライナ情勢地域難民対応計画二〇二二」）である。支援には、世界食糧計画（ＷＦＰ）、国連食糧農業機関（ＦＡＯ）、国連児童基金（ＵＮＩＣＥＦ）、国連難民高等弁務官事務所（ＵＮＨＣＲ）、国際移住機関（ＩＯＭ）、ＮＧＯ、ウクライナ人道基金（ＵＨＦ）、国連開発計画（ＵＮＤＰ）、国連プロジェクトサービス機関（ＵＮＯＰＳ）、国連人道問題調整事務所（ＯＣＨＡ）、世界保健機関（ＷＨＯ）など多くの国連機関が関わっており、日本政府も支援を行っている。

また、このような緊急人道支援とともに大事になるのは、平時において戦争の原因となる様々な問題にどのように対処し、未然に取り除いていくことができるかである。これらは経済的、社会的、人道的分野における問題と言うこともできるが、複雑で複合的な問題が相互に連関する昨今の国際社会においては、平和はそのような包括的視点に立った取り組みによらなければ実現できない。これらに国連が多角的に取り組んできたことはいうまでもない。

アナン事務総長は、アナン報告書のなかで、「安全保障なしに開発はあり得ず、開発なしに安全保障は享受できないばかりか、人権の尊重がなければ、そのどちらも手に入らない。この三つの目標すべてに向かって進まなければ、どれも達成することはできない。」と述べているが、平和、開発、人権を包括的に達成することが一層重要となっている。ここでは詳しくは触れないが、開発については、植民地の独立およびその後の南北問題に起因する貧困や経済秩序、環境問題など様々な課題に国連は取り組んできたし、人権についても世界人権宣言、国際人権規約をはじめとして、多くの人権条約の作成と実施を通じて人権の国際的保障に取り組んできた。二〇〇六年三月にはアナン報告にもとづく国連改革の一環として人権委員会に代わる組織として人権理事会が新設された。

人間の安全保障

そして、冷戦後の変化についてはすでに述べた通りであるが、紛争形態が内戦や民族紛争へと変化するなかでジェノサイドや非人道的行為が頻発し、貧困や人権、難民、感染症、環境問題など脅威が多様化し、主権国家の論理がまかり通ってきた国際関係に「人間」の視点を取り込もうとする動きがみられるようになった。いわゆる人権・人道の主流化の潮流である。そして、主権と人権の交錯のなかで「保護する責任」の概念が登場するとともに、戦争犯罪を処罰する動きも加速した。ウクライナ戦争およびイスラエル・ガザ紛争で発生した多くの戦争犯罪、人道犯罪をどこまで訴追、処罰できるかも今後の重要なポイントである。また、国連がNGOなど非国家アクターとのパートナーシップを重視するようになったことも、諸課題の解決には人々の関与と力が不可欠であるとの認識が高まったことを反映するものである。

このような人間への視点を象徴する概念として登場したのが「人間の安全保障」である。人間の安全保障は冷戦後の国際社会の変化を受けて、一九九四年国連開発計画（UNDP）

コンゴ民主共和国の難民キャンプで歓迎される緒方貞子国連難民高等弁務官（UNHCR 提供）

の『人間開発報告書』のなかで登場した。同報告書は、安全保障の概念が長い間、外部の侵略から領土を守ることや、外交政策を通じて国家利益を守ること、核のホロコーストから地球を救う安全保障といった形で狭義にとらえられてきたとしたうえで、国家の安全保障という狭義の概念から「人間の安全保障」という包括的な概念への移行を訴えるものであった。

人間の安全保障の考え方は、その後、国家（政府）や国連、研究者、市民・NGOなど様々なレベルにおける議論や実践を通じて発展を遂げた。二〇〇〇年九月に開催された国連ミレニアム・サミットでは、アナン国連事務総長が人間中心の取り組みの必要性について報告、それを受けた日本の呼びかけによって二〇〇一年一月、緒方貞子氏とアマルティア・セン氏を共同議長とする「人間の安全保障委員会」の創設が合意され、二〇〇三年五月、委員会は『人間の安全保障委員会報告書』をアナン国連事務総長に提出した。

同委員会は、「人間の安全保障」を「人間の生にとってかけがえのない中枢部分を守り、すべての人の自由と可能性を実現すること」と定義し、「恐怖からの自由」と「欠乏からの自由」からなるとした。そして、人々の生存・生活・尊厳を確保するため、人々の「保護（プロテクション）」と「能力強化（エンパワーメント）」のための戦略の必要性が訴えられた。

また、集団安全保障の再構築を検討したハイレベル委員会への諮問にあたって、アナン事務総長は伝統的な国家の安全保障のみならず、人々の安全保障を提供するうえで、どのように国連が強化されるべきかという問題意識を示した。委員会報告書がそれに沿って、多様な脅威から人間の生にとってのかけがえのない中枢部分を守ることの重要性に言及し、国連が「保護」と「能力強化」において中核的な役割を担うべきであると結論づけていることは注目される。

その後、「人間の安全保障」は、二〇〇五年のアナン報告、九月の成果文書に盛り込まれ、二〇一〇年九月の国連総会における人間の安全保障に関する総会決議に盛り込まれ、国連の中で主流化されていった。さらに二〇一〇年、二〇一二年、二〇一四年には人間の安全保障に関する事務総長報告が発表された。

そして、二〇二〇年の新型コロナウィルス感染症の世界的な拡大により、世界の人々の命・生活・尊厳が危機に晒されている状況を受けて、二〇二二年二月に新型コロナ感染症や気候変動など、現代の進化する脅威に対応する新たな時代の人間の安全保障アプローチを提示する特別報告書『人新世の脅威と人間の安全保障――さらなる連帯で立ち向かうとき』がUNDPにより公表された。特別報告書では、人新世における人間の安全保障への新たな脅威として、技術、暴力的紛争、不平等、保健の四つの脅威を取り上げ、これらの脅威に対処するために、「保護」と「能力強化」という伝統的な人間の安全保障の二つの柱に加えて、「連帯」という第三の柱の必要性を提唱するとともに、促進する人間の行為主体性の重要性を強調した。

SDGs、そしてグテーレス事務総長の呼びかけ

人間の安全保障の理念は、二〇一五年九月、二〇三〇年に向けての国際社会の普遍的な目標として国連において採択されたSDGs（持続可能な開発目標）につながっていくことになる。SDGsは、経済、社会、環境すべての課題について包括的に、かつ国際社会のすべてのアクターが協力して達成すべき目標であるが、その基底にある「誰一人取り残さない」との理念は人間の安全保障の考え方と呼応するものである。この「人間の安全保障」は「国家の安全保障」と対立するものではなく、相互に補完する関係としてとらえられるべきであるが、国家が人間の安全保障の中核的価値である生命、生活、尊厳を十分守れない状況がある国際社会において、人間の視点から新たな視座を提供する概念として注目される。

二〇一七年一月、バン・ギムン事務総長の後を受けて就任したアントニオ・グテーレス事務総長は、⑴平和への取り組み、⑵開発、⑶マネジメントの三分野で改革に取り組むことを表明、二〇二一年には、事務総長報告『私たちの共通の課題(Our Common Agenda)』と題するビジョンを発表した。コロナ禍の渦中にあった当時、報告書(概要)では、「私たちは歴史の転換点を迎えています。第二次世界大戦以来最大の共通の試練において、人類はブレークダウン(崩壊)かブレークスルー(突破)かという厳しい緊急の選択を迫られています。」と述べ、危機感の共有と連帯を訴えた。また、国連の多国間主義については、「今こそ、国連の中から支えられた、より強力で、よりネットワーク化の進んだ、包摂的な多国間体制が必要なときです。効果的な多国間主義は効果的な国連、すなわち国連憲章の目的と原則に従いつつグローバルな課題に適応できる国連にかかっています。」と述べた。

そして、二〇二三年七月には、『私たちの共通の課題』の提言を詳説する一連の政策概要である『平和への新たな課題』という提言を発表した。そこでは、核兵器の廃絶や多国間主義の重要性を強調したうえで、ロシアによるウクライナへの軍事侵攻が平和の実現をより困難にしていると指摘した。

人間の安全保障に関しては、二〇二四年一月に人間の安全保障に関する第四次国連事務総長報告が一〇年ぶりに発出された。同報告書は、人間の安全保障が考え方としてだけでなく実際に有用なツールとして機能してきたことを具体的に指摘するとともに、気候変動、デジタル技術、保健、貧困と不平等、紛争や暴力等の現在の諸課題への対処において、人間の安全保障にもとづくアプローチの重要性が増している旨を指摘している。また、グローバル・ガバナンスの観点からも、人間の安全保障は、①各国の自国民の生存・生活・尊厳に対するオーナーシップを前提に、②国家間、人々の間、人間と地球の間の「連帯」を高めるツールであることを強調している。さらに、国際社会が変容のプロセスにある中、強固な多国間システムの構築がカギであり、国連中心の新しい多国間主義が必要であることについても言及している。

同年四月には、人間の安全保障に関する国連総会非公式会合が開催され、グテーレス事務総長は会合での演説で、「人間の安全保障」という概念は、人間と予防が重要な役割を果たし、地方、国家、地域レベルでの連携を強化し、共通の課題に取り組む原動力となることを強調した。ともあれ、これら一連の事務総長報告書の背景には、紛争、気候変動、貧困と不平等など複雑化、複合化し、深刻な課題を抱える世界への危機感があることは間違いない。

よりよき世界への処方箋と私たちの役割

以上をふまえて今後の国連による平和と安全保障について求められることは、第一に、侵

国連未来サミット

略やジェノサイド等の事態を阻止するために軍事力の行使を認めざるを得ない場面があるとしても、その恣意的行使を極小化するために改革を通じた安保理の正統性の回復、および武力行使の基準の設定と総会等を通じた監視を行うことである。

第二に、軍事力による安全保障がもたらす危険性を軽減するために、とくにウクライナ戦争における核による威嚇を通じて核兵器の使用が現実味を増す昨今にあって、軍縮とくに核軍縮と廃絶に向けた取り組みがより求められる。

第三に、本書では詳しくは触れなかったが、紛争が発生した場合も武力衝突に発展することを未然に防ぐための外交努力や国際裁判等を通じた紛争の平和的解決と法の支配が重要である。国連は軍事的強制措置のようなハードパワーを備えた機関ではあるが、その本質は人類の議会としてのソフトパワーにあるはずだからである。

第四に、国連そのものではないが、ＩＣＣ等による戦争犯罪、人道犯罪の訴追、処罰である。その実行は容易ではないが、報復の連鎖と不処罰の歴史にピリオドを打つためには法による正義の実現がきわめて重要である。

第五に、経済的・社会的・文化的・人道的諸問題の解決を通じた紛争の予防である。また、ＰＫＯや紛争後の平和構築への取り組みも紛争の再発を防ぐうえで重要である。国レベルおよび地球規模でのこれら諸問題への取り組みは、戦争のない消極的平和の実現に向けて紛争の芽を摘むために不可欠であるだけでなく、構造的暴力のない積極的平和を実現する上でも重要である。国連の目指す平和とは、本来そのような広がりをもつものであるはずである。

その意味において今日、国連の諸機関がＮＧＯや様々なアクターと連携、協力をはかりながら人間の安全保障の推進に取り組み、国際社会がＳＤＧｓの掲げる目標の達成に向けて連帯して地球的課題に取り組もうとしていることは確かな事実である。同時に現実は事務総長が述べるように、多くの国々がＳＤＧｓの実施に苦慮し、分断の深まりと不平等の拡大により、人々は不安と恐怖のなかに生きていることも確かである。国連と国際社会の道程は決して平坦ではない。しかし、歩みを止めるわけにもいかない。

二〇二四年九月に行われた国連未来サミットの開会の挨拶の中で、グテーレス事務総長は、「より効果的・包括的で、ネットワーク化された多国間主義に向けた大きな変化となる三つの画期的な合意（すなわち「未来のための協定（Pact for the Future）」および二つの付属文書である

「グローバル・デジタル・コンパクト（Global Digital Compact）」、「将来世代に関する宣言（Declaration on Future Generations）」――筆者注）を歓迎する」とした。そのうえで、「世界中の人々が、平和と尊厳と繁栄の未来を望み、気候危機を解決し、不平等に取り組み、すべての人を脅かす新たなリスクに対処するための行動を求めている。そしてこれらの課題解決には国連が不可欠だと考えている。未来サミットは、そのような期待に応えられる国際協力の道筋をつけるものだ」と述べ、国連を中心とした多国間主義の重要性をあらためて強調した。

かつて、アナン事務総長は加盟国の代表を前にして、「国連とはあなた方のことなのです」と述べたという。ここには、国連を通じて世界を変えゆく主役は、加盟国であり、私たち一人一人であるというメッセージが込められている。たしかに、国連憲章は、「われら連合国の人民は（We the Peoples of the United Nations）」で始まっている。そして、ハマーショルド事務総長は、就任のわずか一年後、アメリカの政治家で国連大使であったヘンリー・カボット・ロッジ・ジュニアの言葉を取り上げて、次のように述べた。「国連は私たちを天国に導くためではなく、私たちを地獄から救うために創設されたと言われています。この言葉は、私がこれまでに聞いたどの言葉よりも、国連の不可欠な役割と、私たちがそれを支援する際の心構えの両者を、見事に表現しています」。

大切なことは、世界はどうなるか、国連はどうなるかではなく、どうしていくかという私たち一人一人に課せられた主体的な変革への意思と行動ではないだろうか。国連創設八〇年にあたって、そのことが今問われているように思えてならない。

終　章

国連改革に向けて日本に求められるもの

待ったなしの安保理改革

国連改革の一丁目一番地である安保理改革については、第7章で触れられた通り、二〇〇五年の国連六〇周年に向けて機運が盛り上がり、新たに常任理事国を六つ増やし非常任理事国を四つ増やすG４（日本を含む）案の他、いくつかの案が示された。しかし、結局いずれの案も決議に付されることはなく、改革の試みは頓挫した。その後、政府間協議が開催されるなどいくつかの動きがあったが、残念ながら進展は見られない。

そうした中、ロシアによるウクライナ侵攻やガザ紛争が発生し、大国による拒否権発動によって国際の平和と安全に主たる役割を果たすはずの安保理の機能不全が改めて浮き彫りになり、拒否権の問題や安保理改革の必要性に再度焦点が当たるようになったのである。

具体的には、二〇二四年九月、国際社会の将来の課題に道筋をつけるべく、「国連未来サミット」が各国首脳の出席のもとニューヨークで開催され、成果文書として、「未来のための協定」が採択された。その中には安保理改革も言及されているが、首脳レベルの国連成果文書としてこの問題が具体的に言及されるのは初めてのことである。そのポイントを簡単に紹介してみよう。

まず重要な点として、安保理改革の緊急性に言及し、間接的にタイムラインを設定していると見られることである。すなわち、SDGsのターゲット16・8「国際機関のグローバル・ガバナンスへの途上国の参加を強化・拡大する」に言及し、これに配慮するとしているのである。間接的ではあるが、SDGsの目標年である二〇三〇年までに安保理への途上国の参加を拡大すると解釈することができるであろう。その中で、歴史的不正義に苦しんできたアフリカを特別なケースとして扱うとしている。一方で、日本などが主張してきた常任・非常任理事国双方の拡大には触れず、様々な改革案をベースに議席カテゴリーの論点に関し今後合意を見出すとしている。そして安保理における拒否権行使の抑制を促している。

日本としては、この成果文書をふまえ、国連創設八〇周年（二〇二五年）および日本国連加盟七〇周年（二〇二六年）を節目として、遅くとも二〇三〇年までの安保理改革の実現に向け、より一層リーダーシップの発揮が求められる。

現実的目標設定の必要性

そこで大切となってくるのは、現実的な目標の設定と戦略の練り直しである。二〇年前に目指した常任理事国六議席増、非常任理事国四議席増、という目標を繰り返していいのであろうか、ということである。

結論的に言うと、この目標は一旦棚上げにし、まずは、かつてアナン事務総長が提案したB案をベースに、常任理事国の増加ではなく、任期がある程度長く（四年〜六年など）再選可能ないわゆる準常任理事国カテゴリーの創設（たとえば六つ）と非常任理事国の増大（四つ）を目指すべきであろう。そうすれば、安保理メンバーの総数は現在の一五から二五となり、アフリカを含めた途上国の参加が増え、安保理の正当性、代表制も大きく改善される。なお、安保理メンバーの総数は二五カ国程度に抑えるべきであり、それ以上にすると会議の効率性・迅速性が落ちるので、望ましくない。

準常任理事国創設に転換すべき理由はいくつかある。まず、常任理事国の追加となると、なれる国となれない国との間で必ずと言っていいほど確執が生じる。たとえば、仮にドイツが常任理事国となるとイタリアはなぜドイツだけが、となるであろう。日本に対しては韓国が、インドに対してはパキスタンが同じような立場を取るであろう。このような国の集まりがコンセンサスグループなのである。アフリカについても仮に常任理事国を二カ国選ぶとしてもうまくまとまるとは思えない。二つ目に、ただでさえ評判の悪い拒否権を有する常任理事国をさらに増やすというのであろうか。もちろん、新しい常任理事国は当面拒否権の行使を控える（G４の案）、あるいは拒否権を認めないといった解決法があるかもしれないが、それでは新旧の常任理事国の間に差別が生じてしまう。三つ目として、二〇〇〇年頃は、日本は確かに経済大国といえたであろうし、国連予算に対する分担金の比率は二〇％前後と米国に次いで高かった。したがって常任理事国になってしかるべしという議論が国内外で説得力があったかもしれない。しかし、今や日本が世界経済に占める割合（ＧＤＰベース）は四％程度にまで下落し、分担率も約八％にまで低下している。そして二〇二五年からは六・九％にまで下がる。もはや大国ではなく、ミドルパワーなのである。

なによりも常任理事国の増設は、コンセンサスグループに加え、現常任理事国、とくにロシア・中国の賛成を得られないであろう。安保理の議席増には、国連憲章の改正が必要であり、そのためには常任理事国を含む加盟国全体（一九三カ国）の三分の二（一二九カ国）以上の賛成が必要なのである。常任理事国の増設に固執すれば、安保理改革の実現が遠のいてしまうと言っても過言ではない。

そして、必要であれば、常任理事国を増やすかどうかについては、たとえば一〇～一五年後に再度総会で議論し、結論を得る旨決議案に付記すれば良いのではないか。

以上のように今回は準常任理事国の創設を目指すとして、戦略・アプローチも再検討する必要がある。G４にこだわる必要はない。数が多いコンセンサスグループやグローバルサウスと言われる途上国を中心としたグループ、アフリカ・グループとの連携を強化し、多数派工作を進めるべきであろう。

拒否権をどう抑制するか

一方で、常任理事国に付与されている拒否権をどう抑制していくかも重要な課題である。二〇二二年リヒテンシュタインのイニシアチブで常任理事国が拒否権を行使する場合、その理由を総会の場で説明すべきという総会決議が採択されたことは第7章で既に触れられているが、これは大切な一歩として評価される。今後さらに拒否権行使を抑制させるためにはいかなる方策が考えられるであろうか。

フランスは既に、大量虐殺や人道に対する罪などが確認された場合、米英仏中ロが、それを止めるための決議案などへの拒否権行使を自主的に抑制することを提案している。また、国連憲章二七条の三は、第六章および第五二条三にもとづく決定については、紛争当事国は、投票を棄権しなければならない、と定めている。つまり、平和的紛争解決、たとえば司法的解決への呼びかけなどを行う決議案には紛争当事国はたとえ常任理事国でも棄権しなくてはいけない規定になっているのであるが、実践されていない。このような点につき、できれば憲章を改正し、あるいは少なくとも安保理手続き規則を明確化することにより、拒否権行使を抑制させる取り組みが急務である。

なお、ゼレンスキー・ウクライナ大統領は、二〇二三年の国連総会で、国連総会で三分の二の賛成があれば拒否権を覆せるようにすべきだ、と演説している。このような制度作りはややハードルが高いと思われるが、事実上ケースバイケースでこのような総会決議を採択し、拒否権を発動した常任理事国にプレッシャーをかけるのは一案かもしれない。

従前の章でも強調されているように、安保理改革は国連改革のすべてではない。国連の平和と安全の機能を強化するには、総会の改革も大切である。とくに安保理が機能しない場合の総会の役割は重要である。「平和のための結集決議」が採択されてから久しいが、一九五六年、スエズ危機の際、英仏が拒否権を発動したことを受け、総会が「平和のための結集決議」を採択し、国連緊急軍というPKOが設立されたことは改めて想起されてよいであろう。PKOは国連総会決議でも設置できるのである。確かに総会決議には安保理にあるような強制措置（国連憲章七章）は認められていない。停戦呼びかけにせよ武器禁輸にせよ、強制力のない加盟国への呼びかけにとどまるのであるが、圧倒的多数で採択された総会決議は国際社会の総意として重みがある。今後、このような総会決議が採択された場合、採択しっぱなしではなく、決議のポイントをフォローアップする体制の整備を整えていく必要があるのではないだろうか。

国連事務局・事務総長による紛争予防や平和創造の役割も益々重要になってきている。日本を含め国連加盟国による事務総長へのさらなるサポート・連携が求められているといえよう。

岸田文雄総理は二〇二三年の国連総会演説で、「国連の分断・対立を悪化させる拒否権の行使抑制の取り組みは、安保理の強化、信頼回復につながります。……世界は大きく変わっています。現在の世界を反映した安保理が必要です。……来年の未来サミットやその後の国連創設八〇周年を見据え、具体的な行動に移る機会が今です。」と述べている。

奇しくも二〇二四年、被爆者団体である日本被団協がノーベル平和賞を受賞した。戦後長い間平和を享受し、平和的な外交を展開してきた日本は、今こそ世界の平和と安全の維持・強化のため、今まで以上のリーダーシップを発揮すべき時ではないかと思う。その具体的な大きな一歩が安保理改革である。

おわりに

中山雅司

このたび、国連創設八〇周年の佳節にあわせて本書を上梓することができた。個人的な話にもなるが、共著者の山本栄二氏とは高校、大学を通じての先輩、後輩の親しい間柄で、四〇年以上にわたって交流を続け、お世話になってきた。高校の時は学年も違うことからお互いに知る機会もなかったが、たしか大学一年生の時に外交官を目指して勉強を始めた後輩がいるということを聞きつけた山本先輩が、私が住んでいた学生寮に訪ねてこられたのが最初の出会いであったように記憶している。その後、山本先輩と同じゼミにも入り、国際法や国連について学んだ。やがて山本先輩は外交官になり、私は縁あって母校で研究、教育の道に進むことになった。そして、先輩は国連をはじめ様々な外交実務の舞台で活躍され、大使の任務を終えられて最近、客員教授として母校に戻ってこられた。

そんななか、ある日、私の研究室に訪ねてこられた。一緒に国連について本を書かないかとの話であった。私もこれまで研究を通じて国連や平和の問題には強い関心をもってきたこともあり、是非ということでお受けした。

その背景にあったのは、二〇二二年二月に勃発したロシアのウクライナ侵攻や二〇二三年一〇月に起きたイスラエルとハマスの軍事衝突およびガザでの人道危機であった。これらの事態に対し、国連、なかんずく安保理が常任理事国の拒否権に阻まれて機能不全に陥り、国連への失望感にも似た空気が漂う現実のなかで、この事態をどのように受け止め、考えればよいのか。二人の問題意識はその点で共通するものがあった。またそれは二人にとどまらず、多くの人々の思いでもあると感じていた。明快な方策を提示することは難しいとしても、あらためて国連とはどのような組織であるのか、どのように見ればよいのかについて、その端緒は示せるのではないかと考えた。そして、ちょうど二人の立場と経験を活かし、理論と実務の双方から国連を描くことで、国連の理想と現実、言い換えるならば実像が多少なりとも浮かび上がるのではないかと考えた。そのような思いで本書はスタートした。

私自身、長年にわたり大学において教育、研究に携わるなかで、常に頭から離れなかったのは「平和」の二文字である。国際社会はなぜ多くの困難な課題を抱えながら、平和への道は容易ではないのだろうか、そして、よりよい世界を築くためにどうすればよいのだろうかという問いであり、願いである。それは、共著者の母校が掲げる「人類の平和を守るフォートレス（要塞）たれ」との建学の精神にもとづく自身への問いかけでもあったように思える。

世界は今、紛争や暴力、貧困や不平等、人権抑圧、気候変動や感染症といった様々な課題に直面し、解決を迫られている。その要因は多岐にわたり相互に複雑に絡み合うことから、明確な回答を示すことは容易ではない。しかし、世界には今も苦難に直面し苦しむ多くの人々がいるという現実、そして危機の時代において課題への取り組みは待ったなしであるということだけは確かである。二〇二四年九月に開かれた国連未来サミットおよび「未来のための協定」は、その意味で人類への警鐘であり、メッセージであると言ってよい。

国連は本年（二〇二五年）、創設八〇周年を迎える。ともあれ、第二次世界大戦の惨禍を経て、「国際の平和と安全の維持」という理想と理念を掲げて誕生した国連は今、正念場に立たされている。国連に多くの課題や限界があることも事実であり、国連が問題解決の唯一の手段でないことも確かかもしれない。しかし、世界の秩序と規範が揺らぐ今日であるからこそ、国連創設の原点にもう一度立ち還り、多国間協調の場である国連に未来を託し、人類が連帯することが求められているのではないだろうか。そして、人間の尊厳、生命の尊厳の理念と思想を社会の基調として確立することが一層求められていると強く感じる。本書がそのことについて考える一助になればこれに過ぎる喜びはない。

なお、本書は国連について考えるきっかけとして、あくまで共著者の専門と経験の範囲のなかで、かつ平和と安全の維持の分野を中心に書かれたもので、国連全般にわたって初歩から解説することを目的としたものではない。その点、ご了承願いたい。

終わりに、本書の出版の機会を与えていただき、ご尽力を賜った筑摩書房の松田健編集長に共著者として心より感謝と御礼を申し上げる次第である。

参考文献

序章

明石康『国際連合――軌跡と展望』（岩波新書、二〇〇六年）
ガルトゥング、ヨハン著／高柳先男／塩屋保／酒井由美子訳『構造的暴力と平和』（中央大学出版部、一九九一年）
最上敏樹『いま平和とは――人権と人道をめぐる9話』（岩波新書、二〇〇六年）
佐藤哲夫「国際法から見たロシアによるウクライナ侵攻――市民向けの国際法入門」『広島から戦争と平和を考える』（広島平和研究所ブックレット、二〇二二年七月）
浅田正彦「ウクライナ戦争と国際法――武力行使と戦争犯罪を中心に」『ジュリスト』二〇二二年九月号（一五七五号）
佐渡友哲『SDGs時代の平和学』（法律文化社、二〇一九年）
中山雅司「Ⅳ．国連と平和」創価大学平和問題研究所編『地球市民をめざす平和学』（第三文明社、一九九九年）

第1章

最上敏樹『国際機構論講義』（岩波書店、二〇一六年）
内田孟男編著『国際機構論』（ミネルヴァ書房、二〇一三年）
佐藤哲夫『国際組織法』（有斐閣、二〇〇五年）
渡部茂己・望月康恵編著『国際機構論［総合編］』（国際書院、二〇一五年）
篠原初枝『国際連盟――世界平和への夢と挫折』（中公新書、二〇一〇年）
最上敏樹『国連とアメリカ』（岩波新書、二〇〇五年）

大沼保昭『国際法』（ちくま新書、二〇一八年）
中谷和弘／植木俊哉／河野真理子／森田章夫／山本良『国際法〔第5版〕』（有斐閣アルマ、二〇二四年）
植木安弘『国際連合――その役割と機能』（日本評論社、二〇一八年）
最上敏樹『国際立憲主義の時代』（岩波書店、二〇〇七年）

第2章

香西茂『国連の平和維持活動』（有斐閣、一九九一年）
北岡伸一『国連の政治力学――日本はどこにいるのか』（中公新書、二〇〇七年）
最上敏樹『国連システムを超えて』（岩波書店、一九九五年）
藤原帰一／大芝亮／山田哲也編『平和構築・入門』（有斐閣、二〇一一年）
多谷千香子『「民族浄化」を裁く――旧ユーゴ戦犯法廷の現場から』（岩波新書、二〇〇五年）
浅田正彦／中谷和弘監修／尾﨑久仁子著『国際刑事裁判所――国際犯罪を裁く』（東信堂、二〇二二年）
蟹江憲史『ＳＤＧｓ（持続可能な開発目標）』（中公新書、二〇二〇年）
廣瀬和子「安全保障概念の歴史的展開――国家安全保障の２つの系譜と人間の安全保障」『世界法年報』第二六号
松隈潤「保護する責任と国連」日本国際連合学会編『新たな地球規範と国連（国連研究第一一号）』（国際書院、二〇一〇年）
北村治「保護する責任と介入の正義――世界政治における倫理的問題」内田孟男『地球社会の変容とガバナンス』（中央大学出版部、二〇一〇年）
苅込照彰「国連安全保障理事会の拒否権――安保理改革問題に関連して」国立国会図書館調査及び考査局『調査と情報』ISSUE BRIEF NUMBER 463（Feb.7.2005）

第3章・第4章

外務省ホームページ

内閣府ＰＫＯ本部ウェブサイト
国連広報センターウェブサイト
大島賢三『一外交実務者の個人史』（講談社エディトリアル、二〇二一年）
明石康他編著『オーラルヒストリー　日本と国連の50年』（ミネルヴァ書房、二〇〇八年）
庄司貴由「ソマリアＰＫＯ派遣構想の挫折――第二次国連ソマリア活動（ＵＮＯＳＯＭⅡ）参加と外務省」『年報政治学』二〇一九年Ⅱ号
庄司貴由「未完の安全確保――モザンビーク自衛隊派遣の政策決定過程」KEIO SFC JOURNAL Vol.9 No.1（二〇〇九年）
滝澤美佐子「5　ソマリアと人道介入」日本国際連合学会編『人道的介入と国連（国連研究第二号）』（国際書院、二〇〇一年）
滝澤美佐子「第三章　「人間の安全保障」と人道的介入――脆弱な国家における人間の安全」ジェトロ・アジア経済研究所ウェブサイト
ロメオ・ダレール『なぜ、世界はルワンダを救えなかったのか――ＰＫＯ司令官の手記』（風行社、二〇一二年）
植木安弘『国際連合――その役割と機能』（日本評論社、二〇一八年）
田仁揆『国連を読む――私の政務官ノートから』（ジャパンタイムズ、二〇一五年）
柳井俊二述『外交激変　元外務事務次官柳井俊二（90年代の証言）』（朝日新聞社、二〇〇七年）

第５章

神谷不二『朝鮮戦争』（中公新書、一九六六年）
藤田直央『エスカレーション――北朝鮮vs安保理　四半世紀の攻防』（岩波書店、二〇一七年）
日本国際連合学会編『国連と大国政治（国連研究第二一号）』（国際書院、二〇二〇年）
ドン・オーバードーファ『二つのコリア　第三版』（共同通信社、二〇一五年）
Minear, Larry and Hazel Smith "*Humanitarian Diplomacy*" United Nations University Press, 2007
Anguelov, Nikolay "*Economic Sanctions vs, Soft Power*" 2015

Jentleson, Bruce W. "*Sanctions: What Everyone needs to know*" Oxford University Press, 2022
北岡伸一『国連の政治力学』（中公新書、二〇〇七年）
古川勝久『北朝鮮 核の資金源――「国連捜査」秘録』（新潮社、二〇一七年）
吉村祥子編著『国連の金融制裁――法と実務』（東信堂、二〇一八年）
田仁揆『国連事務総長』（中央公論新社、二〇一九年）
大島賢三『一外交実務者の個人史』（講談社エディトリアル、二〇二一年）
山本栄二『北朝鮮外交回顧録』（ちくま新書、二〇二二年）
若杉美奈子「一九七〇年代前半における北朝鮮の「脱陣営」外交と政策展開過程」『アジア地域文化研究』No.3（二〇〇七年三月）

第6章

深沢淳一『「不完全国家」ミャンマーの真実』（文眞堂、二〇二二年）
中西嘉宏『ミャンマー現代史』（岩波新書、二〇二二年）
同「ミャンマーは破綻国家になるのか」『国際問題』（二〇二一年一二月号）
同「いつまで続くミャンマー「膠着状態」」『外交』Vol.79（二〇二三年）
Ye Myo Hein他「ミャンマーは米中冷戦の最前線なのか――内戦と米中の立場」*Foreign Affairs Report* No.8, 2023
Paliwal Avinash. "Could Myanmar Come Apart?" *Foreign Affairs* Jan.24, 2024
UN OCHA. Myanmar Humanitarian Needs and Response Plan 2024 (December 2023)

第7章

竹内俊隆、神余隆博編著『国連安保理改革を考える――正統性、実効性、代表制からの新たな視座』（東信堂、二〇一一年）
カント／中山元訳『永遠平和のために／啓蒙とは何か・他3編』（光文社古典新訳文庫、二〇〇六年）

浅田正彦・玉田大編著『ウクライナ戦争をめぐる国際法と国際政治経済』（東信堂、二〇二三年）
岩谷暢子『国連総会の葛藤と創造――国連の組織、財政、交渉』（信山社、二〇一九年）
外務省ホームページ（国連外交／国連改革・安保理改革）：https://www.mofa.go.jp/mofaj/gaiko/un_kaikaku/index.html
外務省「安保理改革の必要性と課題」：https://www.mofa.go.jp/mofaj/files/100148189.pdf
望月康恵「国連の安全保障理事会の「機能」の再検討」『法と政治』七三巻三号（二〇二二年一一月）
西川佳秀「急がれる国連改革と日本が取り組むべき課題」『平和政策研究所国際情勢マンスリーレポート』NO.6（二〇二三年九月一日）
和仁健太郎「ロシアによるウクライナ軍事侵攻の合法性と国際社会の対応」『国際問題』No.710（二〇二二年一二月）
上原有紀子／島村智子／青井佳恵「ロシアによるウクライナ侵攻と国際法（上）――国連の枠組みを通じた対応」『調査と情報』国立国会図書館調査及び立法考査局、No. 1229（二〇二三年三月二九日）
上原有紀子／島村智子／青井佳恵「ロシアによるウクライナ侵攻と国際法（中）――武力行使禁止原則・国際裁判の活用」『調査と情報』国立国会図書館調査及び立法考査局、No.1230（二〇二三年三月二九日）
三菱総合研究所「ガザ紛争をめぐる国際社会の主な対応のまとめ」：https://www.mri.co.jp/knowledge/column/i5inlu00000dc0q-att/security_20240627-table.pdf
加藤あかり「外交・安全保障　第13回：集団安全保障体制・国連の役割と期待　ウクライナ侵攻以降の国連改革論――拒否権の制限」三菱総合研究所（ウェブサイト）（二〇二三年九月一五日）
加藤あかり「外交・安全保障　第14回：集団安全保障体制・国連の役割と期待　グローバルサウス時代の国連改革論――代表性の拡大」三菱総合研究所（二〇二四年四月二六日）
島本佳奈「外交・安全保障　第16回：イスラエル・ガザ紛争に応える国連　安保理停戦決議採択に見る総会・事務総長の補完機能」三菱総合研究所（二〇二四年六月二六日）

第8章

吉田康彦『国連改革——「幻想」と「否定論」を超えて』（集英社新書、二〇〇三年）
長有紀枝『入門 人間の安全保障』増補版（中公新書、二〇二一年）
武者小路公秀編著『人間の安全保障——国家中心主義をこえて』（ミネルヴァ書房、二〇〇九年）
毛利聡子『ＮＧＯから見る国際関係——グローバル市民社会への視座』（法律文化社、二〇一一年）
国連開発計画（ＵＮＤＰ）著・訳、星野俊也監訳『２０２２年特別報告書 人新世の脅威と人間の安全保障——さらなる連帯で立ち向かうとき』（日経ＢＰ、二〇二二年）
庄司真理子「国連における人間の安全保障概念の意義——規範としての位置づけをめぐって」『国際法外交雑誌』第一〇五巻第二号
中山雅司「「人間の安全保障」と国際法——「保護する責任」論を中心として」『創価法学』第四四巻第二号
中満泉「平和構築と国連改革——有効な戦略の確立へ向けて」『国際安全保障』第三四巻第二号
河内明子「国連平和構築委員会の動向——設立5年後の見直しを経て」国立国会図書館調査及び立法考査局編『レファレンス』二〇一二年七月号
高須幸雄「新時代の人間の安全保障：国連事務総長報告」（A/78/665）（二〇二四年五月三〇日）：https://www.jica.go.jp/jica_ri/news/topics/2024/_icsFiles/afieldfile/2024/07/17/takasu.pdf
外務省地球規模課題総括課「人間の安全保障に関する事務総長報告の発出」（令和六年一月）https://www.mofa.go.jp/mofaj/gaiko/oda/files/100653881.pdf
国連未来サミット"Summit of the Future 2024 - United Nations" ホームページ：https://www.un.org/en/summit-of-the-future
The Commission on Global Governance, Our Global Neighborhood, Oxford University Press, 1995.
HUMAN DEVELOPMENT REPORT 1994. Oxford University Press, 1994.
Commission on Human Security 2003, *Human Security Now*, New York, 2003（人間の安全保障委員会『安全保障の今日的課題：人間の安全保障委員会報告書』朝日新聞社、二〇〇三年）
A More Secure World: Our shared responsibility: Report of the High-Level Panel on Threats, Challenges and

Change, United Nations, 2 December 2004.
Kofi A. Annan, *In Larger Freedom: Towards Development, Security and Human Rights for All: Reports of the Secretary General*（A/59/2005）, 21 March 2005.

終章

竹内俊隆・神余隆博編著『国連安保理改革を考える』（東信堂、二〇二一年）
神余隆博「求められる国連安保理改革の「戦略転換」」『外交』Vol.87（二〇二四年九・一〇月）
小林義久『国連安保理とウクライナ侵攻』（ちくま新書、二〇二二年）
大島前掲書
外務省「未来サミット成果文書「未来のための約束」――安保理改革の成果」（二〇二四年九月）

山本栄二　やまもと・えいじ

一九五七年生まれ。創価大学法学部卒業。外務省入省後、ハーバード大学院（修士）に留学。国連代表部一等書記官、同公使、大臣官房審議官、トロント総領事、東ティモール、ブルネイ、国際テロ対策・組織犯罪対策協力担当の特命全権大使などを歴任して、二〇二二年退官。著書『北朝鮮外交回顧録』（ちくま新書）、『現代韓国の変化と展望』（論創社）など。

中山雅司　なかやま・まさし

一九五九年生まれ。創価大学法学部教授。創価大学大学院博士前期課程修了。ナイロビ大学客員講師、国際基督教大学非常勤講師、ハーバード大学客員研究員などを経て二〇〇三年より現職。戸田記念国際平和研究所代表理事。専門は国際法、国際機構論、平和学。著書『地球市民をめざす平和学』『人権とは何か』（以上共著、第三文明社）など。

筑摩選書 0298

国連入門《こくれんにゅうもん》

理念《りねん》と現場《げんば》からみる平和《へいわ》と安全《あんぜん》

二〇二五年二月一五日　初版第一刷発行

著　者　山本栄二《やまもとえいじ》
　　　　中山雅司《なかやままさし》

発行者　増田健史

発行所　株式会社筑摩書房
東京都台東区蔵前二-五-三　郵便番号 一一一-八七五五
電話番号　〇三-五六八七-二六〇一（代表）

装幀者　神田昇和

印刷 製本　中央精版印刷株式会社

ISBN978-4-480-01816-8 C0331

筑摩選書
0228

中庸民主主義
ミーノクラシーの政治思想

崔 相龍
小倉紀蔵 訳

儒学とギリシア哲学に共通する中庸の政治哲学を現代に活かすべく「中庸民主主義」を提唱。元駐日韓国大使の政治学者が、分断の進む世界を変革する方策を考える。

筑摩選書
0241

基地はなぜ沖縄でなければいけないのか

川名晋史

沖縄に米軍基地が集中し、その状態が続くのはなぜか？ この問題の解決策とは？ 基地問題の「解決」をめぐり論争が続く今、基地研究の成果を世に問う渾身の書！

筑摩選書
0242

日本の戦略力
同盟の流儀とは何か

進藤榮一

日本が没落したのは戦略の不在ゆえである。プラザ合意以降の日米同盟における戦略的思考の欠落を検証。混乱を極める世界で日本が生き残る戦略の構築を提唱する。

筑摩選書
0256

隣国の発見
日韓併合期に日本人は何を見たか

鄭大均

日韓併合期に朝鮮半島に暮らした日本人は、その自然や文化に何を見たのか。安倍能成、浅川巧ら優れた観察者のエッセイを通じて、朝鮮統治期に新たな光を当てる。

筑摩選書
0257

実証研究 東京裁判
被告の責任はいかに問われたか

戸谷由麻
デイヴィッド・コーエン

東京裁判の事実認定がいかになされ、各被告人の責任がどう問われたのかを実証的に解明。東京裁判の国際刑事裁判史上の功績を問いなおし、その問題点を検証する。

筑摩選書
0263

北京の歴史
「中華世界」に選ばれた都城の歩み

新宮学

北京が中国の首都であり続けたのは、「都城」だったからだ。古代から現代まで、中華世界の中心としての波瀾万丈の歴史を辿り、伝統中国の文化の本質を追究する。

筑摩選書
0269

台湾の半世紀
民主化と台湾化の現場

若林正丈

日中国交正常化で日本が台湾と断交したのと同じ年に研究の道へ進んだ第一人者が、政府要人、台湾人研究者とのエピソードを交えながら激動の台湾史を問い直す。

筑摩選書
0272

日本思想史と現在

渡辺 浩

過去にどのようなことがあったために、いま私たちはこのように感じ、思い、考えるのか。碩学による「日本」をめぐる長年の思想史探究を集成した珠玉の小文集。

筑摩選書
0274

金正恩の革命思想
北朝鮮における指導理念の変遷

平井久志

北朝鮮が掲げる金正恩の革命思想とは何か。二〇一一年以来の金正恩時代における、指導理念の変遷を通史的に考察。北朝鮮ウォッチャーの第一人者による最新研究。

筑摩選書
0275

日本と西欧の五〇〇年史

西尾幹二

西欧世界とアメリカの世界進出は、いかに進んだのか。戦争五〇〇年史を遡及し、近代史の見取り図から見逃されてきたアジア、分けても日本の歴史を詳らかにする。

筑摩選書
0277

訟師の中国史
国家の鬼子と健訟

夫馬進

中国はかつて訴訟を助ける訟師（しょうし）が跋扈する訴訟だらけの「健訟」社会だった。宋代から清末にかけて暗躍し、蛇蝎の如く嫌われた訟師の実態を描き出す。

筑摩選書
0283

アメリカ大統領と大統領図書館

豊田恭子

アメリカ大統領の在任中の記録や資料を収蔵する大統領図書館。現存13館すべてを訪ね、大統領たちの素顔を詳らかにするとともに、アメリカ現代史を俯瞰する。

筑摩選書 0284

人種差別撤廃提案とパリ講和会議

廣部泉

第一次大戦後のパリ講和会議で日本が提出した人種差別撤廃提案の背景や交渉の経緯を様々な史料から徹底解明し、その歴史的な意義を客観的かつ正当に評価する。

筑摩選書 0285

戦場のカント

加害の自覚と永遠平和

石川求

加害の自覚とは何か――。撫順戦犯管理所やアウシュヴィッツ収容所が人々に刻んだ体験は、人が人を赦すことの意味を峻烈に問う。人間の根底に迫った哲学的考察。

筑摩選書 0287

「信教の自由」の思想史

明治維新から旧統一教会問題まで

小川原正道

明治以来、信教の自由は法で規定され、その解釈・運用をめぐり宗教者や知識人が激しい議論を戦わせてきた。法制度の転変をめぐる論争から見る新たな近代思想史。

筑摩選書 0288

日本半導体物語

パイオニアの証言

牧本次生

日本の「ミスター半導体」と呼ばれ、生涯を半導体とともに歩いてきたレジェンド技術者が、内側から見た日本の半導体開発の歴史を語り尽くし、未来を展望する。

筑摩選書 0291

基軸通貨

ドルと円のゆくえを問いなおす

土田陽介

なぜドルは基軸通貨になったのか。基軸通貨の基本的な性質を解説し、近年の新興国のドル離れにもかかわらず強いドルの現状を明快に分析。円の未来も展望する。

筑摩選書 0294

比較文明学の50人

小倉紀蔵 編著

法然・日蓮・宣長から現代の学者・作家・実務家まで、鋭敏な比較文明学的感覚を持っていた日本の重要人物五〇人を選出。その学際的な叡智を縦横無尽に論じる。